Mehr als die alte Leier
Neue Psalmen für Gottesdienst und Gemeinde

Roland Breitenbach

Mehr als die alte Leier
Neue Psalmen für Gottesdienst und Gemeinde

g Matthias-Grünewald-Verlag

Mix
Produktgruppe aus vorbildlich
bewirtschafteten Wäldern, kontrollierten
Herkünften und Recyclingholz oder -fasern
www.fsc.org   Zert.-Nr. SGS-COC-003993
© 1996 Forest Stewardship Council

Für die Schwabenverlag AG ist Nachhaltigkeit ein wichtiger Maßstab ihres Handelns. Wir achten daher auf den Einsatz umweltschonender Ressourcen und Materialien.
Dieses Buch wurde auf FSC-zertifiziertem Papier gedruckt. FSC (Forest Stewardship Council) ist eine nicht staatliche, gemeinnützige Organisation, die sich für eine ökologische und sozial verantwortliche Nutzung der Wälder unserer Erde einsetzt.

Der Matthias-Grünewald-Verlag ist Mitglied der Verlagsgruppe engagement

Alle Rechte vorbehalten
© 2009 Matthias-Grünewald-Verlag der Schwabenverlag AG, Ostfildern
www.gruenewaldverlag.de

Umschlaggestaltung: Finken & Bumiller, Stuttgart
Gesamtherstellung: Matthias-Grünewald-Verlag, Ostfildern
Hergestellt in Deutschland
ISBN 978-3-7867-2772-9

Inhalt

Vorwort 7

Ein Stück Himmel
Zu Festen und Zeiten im Jahreskreis

Auf dem Weg ins Licht *(Advent)* 9
Gott wird Mensch *(Weihnachten)* 14
Ein Licht in der Dunkelheit *(Darstellung des Herrn)* 18
Gelebtes, geliebtes Fasten *(Fastenzeit)* 23
Ein Stück Himmel *(Christi Himmelfahrt –*
 Unter freiem Himmel) 27
Gemeinde Gottes *(Gemeindefest)* 32
Das tägliche Brot *(Fronleichnam – Erstkommunion)* 37
Es ist ein Kraut gewachsen *(Kräuterweihe –*
 Mariä Aufnahme in den Himmel) 44
Die Ernte einfahren *(Erntedank)* 50
Brot und Rosen *(Elisabeth, 19.11. – Caritas)* 55

Geschenkte Lebenszeit
Zu lebensbegleitenden Anlässen

Geschenkte Lebenszeit *(Geburtstag)* 62
Wie die Kinder *(Kinder – Taufe)* 68
Für das Leben lernen *(Schule – Alltag)* 73
Gott ist im Spiel *(Sport)* 76
Die Einsicht der Wüste *(Sich finden)* 81
Zu seinem Schatten stehen *(Umkehr / Versöhnung –*
 Zweifel) 86
Noch ist Zeit *(Zeit)* 90
Gelassenes Alter *(Alter)* 95
Hauptsache gesund *(Gesundheit – Krankheit)* 100
Bis zum letzten Atemzug *(Atmen – Krankheit – Sterben)* . . 104
In Krankheit getragen *(Krankheit)* 108

Der letzte Schritt *(Krankheit – Sterben)* 114

Endlich heimkehren *(Sterben)* 119

Auf den Straßen des Lebens
Zu Urlaubszeiten, Wallfahrten und Prozessionswegen

Der Weg als Ziel *(Urlaub – Ferienbeginn)* 125

Auf den Straßen des Lebens *(Urlaub – Ferienbeginn)* 129

Du kannst fliegen *(Flugplatz – Urlaub – Reisen)* 133

Ein Weg führt über die Berge *(Berge – Urlaub – Natur)* . . . 137

Mensch und Tier *(Tiere – Schöpfung – Franz von Assisi)* . . 142

Immer eine Handbreit Wasser *(Wasser – Urlaub)* 147

Vorwort

Die Leier, das alte Saiteninstrument, war schon wegen ihrer wenigen Saiten meist auf eine Tonlage abgestimmt. Eine gewisse Eintönigkeit war damit programmiert. Ähnlich empfinden heute Menschen bei der liturgischen Sprache. Für viele sind die Psalmen kaum noch ohne Kommentar zu sprechen, geschweige denn zu beten. Gerade weil die Sprache sich rasch ändert, kommen liturgische Texte oft nicht mehr an. Das Weghören kann nicht Sinn einer gemeinsamen Feier sein. Schon deshalb sind Impulse, Formulierungen und Einsatzmöglichkeiten gefragt, die Menschen dort erreichen, wo sie leben.

Die vorliegenden Texte sind aus ganz konkreten Anlässen heraus entstanden. Die angegebenen Verwendungsmöglichkeiten können deshalb nur Anhaltspunkte für den eigenen Gebrauch geben.

Jedem der Psalmen sind passende Schriftworte, Gebete, Gedanken, Geschichten und Segensworte zugeordnet, die als Bausteine für eine gottesdienstliche Feier dienen können. Darüber hinaus sollen sie aber auch Mut machen, selbst Texte zu entwickeln, die treffen und betreffen.

Roland Breitenbach

Ein Stück Himmel
Zu Festen und Zeiten im Jahreskreis

Auf dem Weg ins Licht

Adventspsalm

Schon hören wir eine Stimme in der Wüste:
Macht den Weg frei für den Herrn.
Er kommt und bringt das Heil.

Gott, du bist ein Licht auf unserem Weg.
So viele Wege gibt es, die uns schwerfallen:
über Hügel und Berge.
So viele Wege gibt es, die uns Angst machen:
durch Schluchten und Abgründe.

Gott, du bist ein Licht auf unserem Weg.
So viele Wege gibt es, die wir allein gehen müssen:
in Zweifel und Sorgen.
So viele Wege gibt es, die uns unsicher machen:
durch Sorgen und Nöte.

Doch dann hören wir eine Stimme in der Wüste:
Macht den Weg frei für den Herrn.
Er kommt und bringt das Heil.

Ja, der Herr kommt, uns zu erlösen.
Da ist jemand, der mit uns geht.
Einer, der uns an der Hand nimmt.
Einer, der uns führt und stützt.

Ja, der Herr kommt, uns zu erlösen.
Da ist jemand, der uns tröstet.

Einer, der unsere Traurigkeit auflöst.
Einer, der uns Hoffnung gibt.

Schon hören wir eine Stimme in der Wüste:
Macht den Weg frei für den Herrn.
Er kommt und bringt das Heil.

Gott kommt, um uns zu besuchen.
Er kommt uns entgegen.
Das Warten hat ein Ende.
Jetzt wird alles gut.

Schriftworte

- Das Zeugnis über Christus wurde bei euch gefestigt, sodass euch keine Gnadengabe fehlt, während ihr auf die Offenbarung Jesu Christi, unseres Herrn, wartet. Er wird euch auch festigen bis ans Ende, sodass ihr schuldlos dasteht am Tag Jesu, unseres Herrn. *(1 Kor 1,6f)* *

- Der Tag des Herrn wird aber kommen wie ein Dieb … Dann erwarten wir, seiner Verheißung gemäß, einen neuen Himmel und eine neue Erde, in denen die Gerechtigkeit wohnt. *(2 Petr 3,10.13)*

- Der Herr hat mich gesandt, damit ich den Armen eine frohe Botschaft bringe und alle heile, deren Herz zerbrochen ist, damit ich den Gefangenen die Entlassung verkünde und den Gefesselten die Befreiung, damit ich ein Gnadenjahr des Herrn ausrufe, einen Tag der Vergeltung unseres Gottes, damit ich alle Trauernden tröste. *(Jes 61,1f)*

Gebete

Gott, du sollst neu in mir zur Welt kommen.
Dein Wort möge bei mir ankommen
und in mir Hand und Fuß bekommen.
Deine Nähe soll mein Leben warm machen,
um andere zu erwärmen.

* Bibeltexte: Einheitsübersetzung der Heiligen Schrift © 1980 Katholische Bibelanstalt, Stuttgart.

Deine Art soll mich mehr und mehr
zu einem Menschen machen, der dir ähnlich ist.

Gott, der ewig junge, komme jetzt zu uns
und mache alles anders.
Er komme in unsere Herzen
und stelle die Welt auf den Kopf.
Er komme in unsere Welt
und befreie uns von allen Zwängen.
Er komme als Rad der Geschichte
und werde für uns zum Dreh- und Angelpunkt
eines neuen Lebens.

Ein Stern springt aus seiner Bahn,
strahlend hell zieht er dahin.
Gott leuchte uns mit diesem Stern
und zeige uns den Sinn.
Ein Berg steht auf und hebt sich fort,
ganz luftig-leicht von hier nach dort.
Gott kräftige uns mit starkem Glauben
und führe uns an jedem Ort.
Ein Gott wird Mensch aus ew'gem Lauf,
wird frei, uns allen gleich.
Gott heile uns durch neuen Mut,
er führe uns ins Friedensreich.

Gedanken

- Jeder Christ muss sein eigenes Bethlehem, Nazaret, Jerusalem, Rom finden, sonst findet er keinen Frieden in seinem Glauben.

- Warum lebt der Mensch, der an eine kommende, eine bessere Welt glaubt, nicht schon jetzt in ihr?

- Das Evangelium ist die gute Nachricht für Verlierer. Kein Wunder, dass die Großen unserer Welt so wenig damit anfangen können.

● Gesucht: Propheten, die tanzen und lachen, feiern und singen. Frauen und Männer mit dem Vorgeschmack des Himmels auf der Zunge und Weisheit im Herzen.

Geschichten

Erwartung

In einem jüdischen Dorf gab es einen Turm. Dort wohnte ein Wächter, der Ausschau nach dem Messias halten sollte, um bei dessen Ankunft sofort den Rabbi verständigen zu können. Ein Christ kommt vorbei und fragt nach der Bedeutung des Turmes und des Wächters. »Ich halte Ausschau nach dem Messias!«, bekommt er zur Antwort. »Damit lässt sich bestimmt nicht viel Geld verdienen?«, fragt der Christ weiter, der sich denkt, dass der Messias doch schon lange gekommen ist. Der Wächter antwortet fröhlich: »Nein, aber den Posten habe ich sicher, solange ich lebe.«

Unverändert

Die Schüler in einem Dorf legen sich gerne mit ihrem Rabbi, einem einfachen Mann, an. Eines Tages rufen sie: »Der Messias ist gekommen.« Der Religionslehrer öffnet das Fenster, schaut die Straße hinauf und hinab und sagt dann: »Ihr irrt. Es hat sich nichts verändert.«

Segensworte

Adventlicher Segen

Der Herr segne uns
und schenke uns den langen Atem in einer Zeit,
da alle rennen, alle drängen.
Er lasse uns die Ruhe finden, die wir brauchen, ihm zu begegnen.
Er lasse den Tau des Gerechten auf uns herabkommen,
damit unsere Hoffnungen auf Gott wachsen.
Er schenke uns das Vertrauen,
dass Er wirklich kommt und wir ihn sehen, so wie Er ist:
als Gott, der uns liebt, wie kein Mensch es vermag,
der an uns denkt seit dem Tag, da wir geboren.

Begr. 01.12.2013 SiS (19.00) + RuW (10.15) 1. Advent

Gehen

Jetzt geh deinen Weg, geh deinen Weg nach innen.

Geh ihn durch die Tage und Wochen des Advents.

Halte den Atem an,

hemme deine Schritte,

bewahre dir Zeit.

Jetzt geh deinen Weg, geh deinen Weg nach innen.

Geh ihn durch die Tage und Wochen des Advents.

Richte deine Gedanken auf das, was sich lohnt.

Wachse in der Geduld.

Reife in der Gelassenheit.

Jetzt geh deinen Weg, geh deinen Weg nach innen.

Geh in einen gesegneten Advent.

Wiederkunft

Er wird wiederkommen,

das erbitten wir,

um unserer Gerechtigkeit willen.

Er wird wiederkommen,

das erwarten wir,

um unserer Barmherzigkeit willen.

Er wird wiederkommen,

das erhoffen wir,

um unserer Zukunft willen.

Er wird wiederkommen

und ist doch schon mitten unter uns.

Er wird wiederkommen

und segnet uns zum Leben.

Einsatzmöglichkeiten

Gottesdienst im Advent ● Früh- oder Spätschicht ● Rorategottesdienst ● »Lebendiger Adventskalender«.

Gott wird Mensch

Weihnachtspsalm

Wir preisen dich, Gott, wir preisen dich;
du bist denen nahe, die deine Wunder erzählen.

Denn Wunderbares geschieht jeden Tag.
Jeder Tag ist ein Geschenk aus deiner Hand.

Wunderbares können wir vollbringen,
durch deinen Geist werden wir anderen zum Segen.

Deshalb erzählen wir vom Wunder dieser Nacht:
Gott wird Mensch.

Deshalb wissen wir um das Wunder:
Der Mensch wird endlich Mensch.

Weihnacht: Gott für die Menschen.
Mehr Menschlichkeit auf Erden.

Gott ist die Kraft, die uns verbindet,
in guten wie in schweren Zeiten, im Alltag und beim Fest.

Die Liebenden erfahren durch diese Kraft neue Zuwendung,
Zerstrittenen wird Versöhnung und ein neuer Anfang möglich.

Die Suchenden finden einen neuen Weg zu ihm,
die Hoffnung wird bestärkt, die Sehnsucht erfüllt.

Trauernde öffnen sich wieder in diesem Geist,
das Leben geht weiter, das erfahren sie als Trost.

Das alles lässt uns das Fest feiern in Freude und Dankbarkeit:
das Fest als Vorgeschmack des Himmels.

Gott wurde Mensch,
damit wir endlich Mensch sein können.

Wir preisen dich, Gott, wir preisen dich;
Du bist denen nahe, die deine Wunder erzählen.

Schriftworte

● Um Zions willen kann ich nicht schweigen, um Jerusalems willen nicht still sein, bis das Recht in ihm aufstrahlt wie ein helles Licht und sein Heil aufleuchtet wie eine brennende Fackel. Nicht länger nennt man dich »Die Verlassene« und dein Land nicht mehr »Das Ödland«, sondern man nennt dich »Meine Wonne« und dein Land »Die Vermählte«. Denn der Herr hat an dir seine Freude, und dein Land wird mit ihm vermählt. *(Jes 62,1.4)*

● Den Beschluss des Herrn will ich kundtun. Er sprach zu mir: »Mein Sohn bist du. Heute habe ich dich gezeugt. Fordere von mir, und ich gebe dir die Völker zum Erbe, die Enden der Erde zum Eigentum ...« *(Ps 2,7f)*

● Uns ist ein Kind geboren, ein Sohn ist uns geschenkt. Die Herrschaft liegt auf seiner Schulter; man nennt ihn: Wunderbarer Ratgeber, Starker Gott, Vater in Ewigkeit, Fürst des Friedens. Seine Herrschaft ist groß, und der Friede hat kein Ende. *(Jes 9,5f)*

Gebete

Mensch gewordener Gott. Lass für uns die arme Geburt Jesu ein Zeichen sein, dass wir dich nicht bei den Großen suchen, nicht in Purpur, Glanz und Herrlichkeit, sondern unten, bei den Kleinen: Dort, wo Kinder schreien, Obdachlose frieren, Kranke verzweifelt, Alte einsam sind. Diese Einfachheit gib uns, damit wir dich als Kind im Futtertrog erkennen können in Jesus Christus, unserem Bruder und Freund.

Herr, unser Gott, du liebst das Leben. Du hast das Leben in Bewegung gesetzt, du hast die Welt und den Menschen geschaffen. Du bist selber Mensch geworden, damit du uns nahe sein und uns lieben kannst. Aber auch damit wir dich lieben können, denn du hast dich greifbar und fassbar gemacht. Wir danken dir für die Geburt Jesu unter uns und bitten dich: Segne durch seine Menschwerdung alle Menschenkinder, die in unsere Welt geboren werden bis zum Ende der Zeiten. Komm durch uns zur Welt, wo immer wir für das Leben eintreten, für deine Gerechtigkeit sorgen und Frieden stiften.

Gedanken

- Viele meinen, das sei ein echtes Christenleben: leben wie alle anderen auch, nur mit einer Prise Jesus gewürzt und einem bisschen Evangelium gesalzen.

- Wer Gott finden will, muss sich hoch strecken und tief bücken. Es ist wie ein Wunder: Wer bei einem Armen untertaucht, taucht neben Gott wieder auf.

- Wenn wir mit einem Kind beten, schläft es besser, wenn wir neben einer Blume beten, wächst sie schneller, wenn wir uns selber ins Gebet nehmen, dann …

Weihnachtswünsche

Wir wünschen euch einen »Botenengel« wie *Gabriel:*
Er soll euch für euer Leben das neue Land zeigen, das Gott euch verheißen hat, und eine Welt, die sich »unsichtbar um uns weitet«.

Wir wünschen euch einen »Deuteengel« wie *Michael:*
Er lasse euch den Sinn eures Lebens erfahren, schlage die Brücke zwischen euch, Gott und der Welt und schenke euch Zuversicht.

Wir wünschen euch einen »Lichterengel« wie *Ariel:*
Er zeige euch einen Ausweg, wenn ihr niedergedrückt oder ohne Hoffnung seid.

Wir wünschen euch einen »Energieengel« wie *Uriel:*
Er verleihe euch Energie, Mut und Phantasie, dass ihr euren Träumen und Visionen folgen könnt.

Wir wünschen euch einen »Begleiterengel« wie *Rafael:*

Er führe euch unbeschadet durch Momente des Glücks und der Enttäuschungen und statte euch aus mit Gelassenheit.

Wir wünschen euch einen *»Friedensengel«* aus der Schar der Engel von Bethlehem:
Er gebe euch den Willen zur Versöhnung, zum Neubeginnen und zur Gewaltlosigkeit.

Wir wünschen euch einen *»Engel in dir«*:
Du sollst ihn entdecken, der sich über deine Güte freut, deine Schattenseiten erträgt. Lass seine Flügel Liebesworte rauschen, Liebkosungen und Zärtlichkeiten. Er mache dich ganz neu.

Segensworte

Segen der Heiligen Nacht
Wir bitten um den Segen der Heiligen Nacht
für alle, die im Licht stehen,
wie für jene, die Dunkelheiten auszuhalten haben;
für alle, die alles haben,
wie für jene, denen das Nötigste fehlt;
für alle, die das Leben leichtnehmen können,
wie für jene, die von Ängsten niedergedrückt sind;
für alle, die unter ihrer Arbeit als einer Last leiden,
wie für jene, die keine Arbeit haben.
Um einen Segen für sie alle
wollen wir den Neugeborenen bitten,
der bereit ist, alles zu tragen und zu ertragen,
was menschlich ist, um es göttlich zu machen.

Angenommen sein
Angenommen, sagte er, einmal angenommen,
ich wäre wirklich angenommen,
so wie ich fühle und denke,
so wie ich bin mit meinen Ecken und Kanten,

mit meiner Sehnsucht und meinen Ängsten,
mit meinen Hoffnungen und Erwartungen,
mit meinen gesundheitlichen Problemen,
mit meinem Altern und meiner Hinfälligkeit.
Angenommen, sagte er, einmal angenommen,
ich wäre wirklich so angenommen,
dann wäre das für mich wie Weihnachten.

Mensch wie Gott
Im Anfang war das Wort. Es werde!
Das Wort wurde das Licht.
Es werde! Da wurde der Himmel.
Es werde! Da wurde die Erde.
Es werde! Da wurde der Mensch.
Gottes Wort wirkt. Gottes Wort bewirkt.
Wenn Gottes Wort mich segnet:
Werde ich zum Licht gegen die dunklen Mächte.
Werde ich zum Himmel durch ein gutes Wort.
Werde ich zur Erde durch eine gute Tat.
Werde ich Mensch, denn ich mach's wie Gott.

Einsatzmöglichkeiten
Weihnachten ● Weihnachtszeit.

Ein Licht in der Dunkelheit

Gott, mein Leuchtturm in dunkler Nacht
Gott ist mein Hirte,
heißt es in einem alten Psalm,
nichts wird mir fehlen.

Ich aber sage: Gott ist mein Leuchtturm.
Ich sehe ihn am Tage schon von Weitem.

Rot und weiß steht er mitten im Wasser.
Ebbe und Flut sieht er kommen und gehen.
Das Meer zeigt den Pulsschlag unseres Lebens.
Auf Gott ist Verlass, wie auf den Atem, der kommt und geht.

Gott ist mein Leuchtturm – ich sehe ihn in der Nacht.
Sein Licht durchdringt die Finsternis.
Immer in der gleichen Folge
leuchten seine Scheinwerfer wie Finger auf,
warnen vor Gefahr, weisen den rechten Weg.
Mit Gott gehe ich nicht in die Irre,
wenn ich seinen Weisungen folge.
Seine Liebe durchpulst mein Leben.

Gott ist mein Leuchtturm – ich höre ihn im dichtesten Nebel.
Seine kräftige Stimme tönt meilenweit,
warnt vor Felsen, Klippen und Untiefen,
bewahrt Schiffe und Mannschaft vor dem Stranden und Scheitern.
Mit Gott kann ich mich nicht verlieren,
wenn ich auf seine Stimme höre.
Ich will auf seine Worte achten im Zwielicht der Meinungen.

Gott ist mein Leuchtturm – er begleitet mein Leben.
Er zeigt mir den Weg. Er bewahrt mich vor Unglück.
Wo immer ich auch bin, wohin ich auch schaue,
worauf ich auch höre:
Gott zeigt sich mir in guten Menschen,
er begleitet mich mit treuen Freunden,
er führt mich durch die Nebel der Angst.
Denn Gott ist mein Leuchtturm.

Schriftworte

- Der Pfad der Gerechten ist wie das Licht am Morgen; es wird immer heller bis zum vollen Tag. Der Weg der Frevler ist wie die dunkle Nacht; sie merken nicht, worüber sie fallen. *(Spr 4,18f)*

- Das Volk, das im Dunkel lebte, hat ein helles Licht gesehen; denen, die im Schattenreich des Todes wohnten, ist ein Licht erschienen. *(Mt 4,16)*

- Als Jesus ein andermal zu ihren redete, sagte er: Ich bin das Licht der Welt. Wer mir nachfolgt, wird nicht in der Finsternis umhergehen, sondern wird das Licht des Lebens haben. *(Joh 8,12)*

Lichtimpulse der vier Himmelsrichtungen

Erste Kerze
Die erste Kerze entzünden wir im Osten. Dort geht für uns jeden Morgen die Sonne auf. Wir beten für alle, dass sie den neuen Tag als ein Geschenk annehmen können und alle Angst und Traurigkeit hinter sich lassen: Herr, erbarme dich ...

Zweite Kerze
Die zweite Kerze entzünden wir im Westen. Dort geht die Sonne unter. Wir beten für alle aus unserer Familie und aus dem Kreis der Freunde, die mit dem Tagewerk auch ihr Lebenswerk beendet haben, dass sie den Frieden und das Glück gefunden haben: Christus, erbarme dich ...

Dritte Kerze
Die dritte Kerze entzünden wir im Süden. Dort vor allem herrschen Krankheit, Hunger, Bürgerkriege. Wir beten um die Bereitschaft, uns nach unseren Möglichkeiten für Menschenwürde, Mitmenschlichkeit und Gerechtigkeit einzusetzen: Herr, erbarme dich ...

Vierte Kerze
Die letzte Kerze entzünden wir im Norden. Dort wohnen das Dunkel und die Kälte. Wir beten darum, dass das Böse in unserer Welt nicht überhandnehme, dass Feindschaft, Hass, Neid und Zwietracht durch Zuwendung, Vertrauen und Liebe überwunden werden können: Christus, erbarme dich ...

Gedanken

- Landschaften sind Erfahrungen. Sie können wie rettende Bilder werden, die durch die Erinnerung neue Energien schenken. Manchmal genügt die Erinnerung an einen Leuchtturm.

- Im Licht denken wir selten an die Finsternis, beim Glück selten an Elend und Not, in Gesundheit selten an Krankheit, bei der Zufriedenheit selten an Schmerz. Doch umgekehrt jederzeit.

- Gegen das kleinste Licht ist die Dunkelheit chancenlos. Die Hoffnung ist ein solches Licht.

- Tausende von Kerzen kann man am Licht einer einzigen Kerze anzünden, ohne dass ihr Licht schwächer wird. Freude nimmt nicht ab, wenn sie geteilt wird. *(Buddha)*

Geschichten

Lichtspuren

»Warum das Dunkle und Schwere?«, fragte ich den Engel an meiner Seite. Doch er antwortete mir nicht.

»Wozu die Leiden und Beschwerden?«, fragte ich den Engel noch einmal. Er antwortete nicht.

Doch mitten im Schweigen zeigte er auf die Lichtspuren in meinem Leben auf meiner Wegkarte. Und er lächelte mir zu.

(Quelle unbekannt)

Zündholz und Kerze

Es kam der Tag, da sagte das Zündholz zur Kerze: »Ich habe den Auftrag, dich anzuzünden.« – »Oh nein«, erschrak die Kerze, »nur das nicht. Wenn ich brenne, sind meine Tage gezählt. Niemand mehr wird meine Schönheit bewundern.« Das Zündholz fragte: »Aber willst du denn ein Leben lang kalt und hart bleiben, ohne zuvor gelebt zu haben?« – »Brennen tut weh und zehrt an meinen Kräften«, flüsterte die Kerze unsicher und voller Angst.

»Das ist wahr«, entgegnete das Zündholz. »Aber das ist doch das Geheimnis unserer Berufung: Wir sind berufen, Licht zu sein. Was ich tun kann, ist wenig. Zünde ich dich nicht an, so verpasse ich den Sinn meines Lebens. Ich bin dafür da, Feuer zu entfachen. Du bist eine Kerze. Du sollst für andere leuchten und Wärme schenken. Alles, was du an Schmerz und Leid und Kraft hingibst, wird verwandelt in Licht. Du gehst nicht verloren, wenn du dich verzehrst. Andere werden dein Feuer weitertragen. Nur wenn du dich versagst, wirst du sterben.« Da spitzte die Kerze ihren Docht und sprach voller Erwartung: »Ich bitte dich, zünde mich an.«

Segensworte
Wenn du auch nur einen Funken Freude hast,
steck damit andere an.
Wenn du nur einen Funken Glück hast,
verschenke es, ohne lang zu überlegen.
Wenn du nur einen Funken Verständnis hast,
zeige es in aller Offenheit.
Wenn du nur einen Funken Mut hast,
steh dazu mit aller Entschiedenheit.
Wenn du nur einen Funken Mitgefühl hast,
leide und fühle mit.
Wenn du nur einen Funken Reichtum hast,
teile ihn ohne jedes Bedenken.
Wenn du von alledem auch nur einen Funken hast,
dann geht es dir gut, sehr gut sogar,
denn du bist gesegnet.

Mögest du in deinem Leben die Gegenwart,
die Kraft und das Licht Gottes erkennen.
Mögest du durch dein Leben erfahren,
dass du für andere Licht und ein Zeichen sein kannst.
Mögest du deine Besonderheit schätzen
und die Verschiedenheit der anderen achten.

Mögest du so lernen,
dich mit der gleichen Freude, dem gleichen Stolz
und der gleichen Güte zu betrachten,
wie Gott selber dich ansieht.

Einsatzmöglichkeiten
Lichtergottesdienst, zum Beispiel am Fest »Darstellung des Herrn« ● im
Advent.

Gelebtes, geliebtes Fasten

Fastenpsalm
Fastenzeit:
Tage der Auseinandersetzung sind mir aufgegeben.
Ich frage mich, was ich soll.
Ich lebe nicht wie ein Asket, aber auch nicht im Überfluss.
Ich genieße mein Leben, ohne in Genusssucht zu fallen.

Ich höre von Fastenprogrammen und frommen Ratschlägen
und bekomme ein schlechtes Gewissen.
Ich lese von Einschränkung und Verzicht
und spüre ein Unbehagen, eine innere Abwehr.
Doch dann trifft mich dein Wort durch den Propheten
und ich atme erleichtert auf:
Nein, ich muss nicht Trübsal blasen und den Kopf hängen lassen.
Nein, ich muss nicht in Sack und Asche Buße tun,
ich kann mein Leben leben.

Doch deinem Rat will ich mit großer Achtsamkeit folgen,
in dieser Zeit der 40 Tage besonders und darüber hinaus.
Ich suche nach dem Menschen,
mit dem ich mein Brot und meine Zeit teile,
und engagiere mich bei der »Tafel«.
Ich begegne dem Obdachlosen mit Respekt

und wasche seine Kleider, versorge ihn mit frischen.
Ich mache den längst fälligen Besuch im Krankenhaus
und übernehme ein paar Stunden in der Palliativstation.
Ich unterschreibe eine Petition von »amnesty international«
und begleite eine Hartz-IV-Empfängerin zur Behörde.
Ich betreue stundenweise das Kind einer berufstätigen Mutter
und erledige einen Einkauf meines alten Nachbarn.

Nicht alles auf einmal, nicht alles immer,
aber ich habe meine Möglichkeiten und Fähigkeiten im Blick.
Denn das ist ein Fasten, wie du, mein Gott, es liebst.

Schriftworte

- Ich nahm mich durch Fasten in Zucht, doch es brachte mir Schmach und Schande. Ich ging in Sack und Asche, doch sie riefen Spottverse hinter mir her. Ich aber bete zu dir, Herr, zur Zeit der Gnade. Erhöre mich in deiner großen Huld, Gott, hilf mir in deiner Treue! *(Ps 69,11f)*

- Wenn ihr fastet, macht kein finsteres Gesicht wie die Heuchler. Sie geben sich ein trübseliges Aussehen, damit die Leute merken, dass sie fasten. Amen, das sage ich euch: Sie haben ihren Lohn bereits erhalten. Du aber salbe dein Haar, wenn du fastest, und wasche dein Gesicht, damit die Leute nicht merken, dass du fastest, sondern nur dein Vater, der auch das Verborgene sieht; und dein Vater, der das Verborgene sieht, wird es dir vergelten. *(Mt 6,16ff)*

Gebete

Leben spendender Gott, du hast uns mit vielen Gaben ausgestattet. Wir sollen sie nicht für uns behalten, dazu fordert uns die Fastenzeit heraus. Wir bitten dich, lass uns umkehren zu den Menschen, die unsere Hilfe brauchen. Gib uns die Bereitschaft zu geben, noch bevor wir gebeten werden.
Mach uns achtsam für alles, was die Menschen um uns nötig haben, für die wir Verantwortung tragen.

Gott, lass uns den Weg des Fastens gehen, wie du ihn liebst.
Wir wollen deinen Weg zu den Menschen gehen.
Wir wollen keinem Menschen Steine in den Weg legen,
sondern damit Brücken bauen.
Wir wollen niemandem Steine reichen, sondern Brot schenken.
Hilf uns dazu in den Tagen der Besinnung und der Umkehr.

Gott, wir bitten dich in dieser besonderen Zeit: Mach uns wach zum Leben. Lass uns aufstehen aus der Lüge in die Wahrheit, aus dem Unrecht in die Gerechtigkeit, aus Streit in die Gemeinschaft, aus dem Kampf in den Frieden. Dann können wir das Leben leben mit all unseren Sinnen, wir können es auskosten, riechen, schmecken, sehen und hören, wir können dein Leben einatmen bis in die letzten Adern unseres Körpers. So können wir uns für das Fest der Auferstehung bereiten.

Gedanken

- Keine Liebe schenken, keine Liebe empfangen lässt erahnen, was die Hölle sein muss.

- Geben, mit beiden Händen geben,
  und keinem dabei die Würde nehmen.

- Fasten macht Menschen nicht zu spirituellen Kriegern. Fasten befreit zu Liebe und Mitgefühl, zuerst zu sich selbst.

Geschichten

Das Ich im anderen
Eine Frau war als besonders hilfsbereit bekannt. Wo immer es möglich war, kaufte sie für eine alte Frau ein, half einem Blinden über die Straße, bewachte Kinder auf dem Spielplatz, tröstete eine Mutter über den Unfalltod ihrer Tochter.
Eines Tages sah sie, dass ein Behinderter seinen Rollstuhl auf einer Gefällstrecke nicht mehr bremsen konnte. Beherzt sprang sie auf die

Straße, um das Gefährt zu stoppen, und geriet dabei unter die Räder, aber der Behinderte war gerettet.

Als Nachbarn sie verletzt unter dem Rollstuhl hervorzogen und ziemlich vorwurfsvoll sagten: »Das haben Sie jetzt von ihrer ständigen Hilfsbereitschaft! Warum mischen Sie sich auch überall ein?«, gab sie unter großen Schmerzen die Antwort: »Im anderen entdecke ich mich immer wieder selbst!«

Nur Sandalen

Ein suchender Mensch las im Evangelium die Worte: »Nehmt für unterwegs nichts mit, tragt nur Sandalen an den Füßen«, und er befragte bei passender Gelegenheit einen Bischof nach der Bedeutung dieser Worte. Ohne lange zu überlegen, gab der hohe Würdenträger die weise Antwort: »Eines Tages wirst du sogar die Sandalen abwerfen und den Grund des Wesentlichen betreten.«

Der Sucher sah den Bischof lange schweigend an und meinte: »Dann werdet Ihr wohl nie das Wesentliche berühren?«

Segensworte

Gott segne deine Aufbrüche, deinen Mut,
deine Bereitschaft zum Risiko.
Er segne dein Aushalten, deine Geduld,
dein Zuhören und dein Verständnis.
Er segne deine Offenheit für alle Menschen
und deinen vorurteilsfreien Umgang.

Mit jedem Atemzug neu

Wie ein göttlicher Atem komme sein Segen über dich.
Er soll dein Suchen beenden, dein Fragen beantworten,
deine Wunden kühlen, deine Starrheit aufbrechen,
mit jedem Atemzug neu, wieder und wieder.

Kleine Schritte

Der Herr stärke unser Vertrauen,

dass wir uns dem Wandel nicht verweigern
und die Chancen der Zeit ergreifen.
Der Herr stärke unseren Mut,
dass wir loslassen können, was vergangen ist,
und festhalten, was unsere Zukunft begründet.
Der Herr stärke unsere Liebe,
dass wir das Leben schützen,
für die Schwachen einstehen und unsere Wege,
wenn auch in kleinen Schritten, gehen.

Einsatzmöglichkeiten
Gottesdienst in der Fastenzeit ● Umkehrgottesdienst / Versöhnungs-
feier / Bußgottesdienst ● Früh- oder Spätschicht.

Ein Stück Himmel

Gott umgibt uns von allen Seiten
Herr, du kennst mich, viel besser, als ich mich kenne.
Du durchschaust mich und siehst meine Gedanken und Pläne,
die ich noch gar nicht zu Ende gedacht.

Ob ich sitze, stehe, gehe oder fliege,
ob ich ruhe oder schlafe,
mit all meinem Tun bist du vertraut.
Du umgibst mich von allen Seiten
und legst deine Hand auf mich.
Selbst wenn ich wollte,
ich könnte mich dir nicht entziehen.
Steige ich hinauf in den Himmel, so bist du dort;
selbst in den tiefsten Schluchten der Erde
kann ich mich nicht vor dir verbergen.

Ich bin dir ganz und gar vertraut,
denn ich bin dein Gedanke von Anfang an.

Schon im Schoß meiner Mutter hast du mich gewollt.
Deine Augen sahen, wie ich entstand,
im Buch des Lebens war schon alles verzeichnet;
meine Zeit liegt in deinen Händen.

Jetzt bitte ich dich:
Sieh her, ob ich auf dem richtigen Weg bin.
Lass mich nicht in die Irre laufen.
Führe mich nach deinem Willen,
wie es für mich zum Besten ist.

Schenke mir schon jetzt ein Stück deines Himmels.
Dann kann ich für Recht und Gerechtigkeit Sorge tragen;
mich einsetzen für Menschen,
die auf der Schattenseite des Lebens stehen
und vom Himmel auf Erden nur träumen.

Wie ein Stück vom Himmel kann ich sein für sie alle,
wenn ich deine Zuwendung verschenke,
und zu einem guten Engel kann ich werden,
wenn ich dein Erbarmen an alle weitergebe, die dich suchen.

Schriftworte

- Dann sah ich einen neuen Himmel und eine neue Erde; denn der erste Himmel und die erste Erde sind vergangen, auch das Meer ist nicht mehr. Ich sah die heilige Stadt, das neue Jerusalem, von Gott her aus dem Himmel herabkommen; sie war bereit wie eine Braut, die sich für ihren Mann geschmückt hat. Da hörte ich eine laute Stimme vom Thron her rufen: Seht, die Wohnung Gottes unter den Menschen! Er wird in ihrer Mitte wohnen, und sie werden sein Volk sein; und er, Gott, wird bei ihnen sein. *(Offb 21,1ff)*

- Gepriesen sei der Gott und Vater unseres Herrn Jesus Christus: Er hat uns in seinem großen Erbarmen neu geboren, damit wir durch die Auferstehung Jesu Christi von den Toten eine lebendige Hoffnung haben und das unzerstörbare, makellose und unvergängliche Erbe empfangen, das im Himmel für euch aufbewahrt ist. *(1 Petr 1,2f)*

Ein Glaubensbekenntnis

Wir glauben, dass die Erde so von Gott gedacht ist,
dass sie zum Himmel für alle werden kann.

Wir glauben an Jesus von Nazaret,
der durch seine Frohe Botschaft ein Stück des Himmels
auf unsere Erde gebracht hat.
Er hat die Kleinen aufgerichtet, die Armen beschenkt,
ist für Recht und Gerechtigkeit eingetreten,
wie auf Erden, so im Himmel.
Versöhnung hat er gestiftet und den Frieden gebracht:
Ein Stück Himmel auf Erden.

Wir glauben an das Leben und an die Liebe,
deswegen hat der Tod nicht das letzte Wort.
Wir glauben an Gott und seinen belebenden Geist,
der alles verwandeln und neu machen kann.

Wir glauben an die Menschen,
an die Frauen und Männer und Kinder,
an die vielen kleinen Leute,
die durch ihr Leben die Welt verändern.
Wir glauben an die Erde, an die Zukunft,
an das gemeinsame Haus aller Menschen.

Wir glauben an den neuen Himmel auf einer neuen Erde
und dass die Menschen in Frieden und Freundschaft
miteinander leben können.
Diesen Glauben lassen wir uns
um Gottes und der Menschen willen nicht nehmen.

Gedanken

- Nicht wo der Himmel ist, ist Gott, sondern wo Gott ist, ist der Himmel. – Wir sind für den Himmel auf Erden verantwortlich, damit unsere Erde ein Stück Himmel sein kann.

- Der Himmel ist hoch, man kann sich daran halten. – Der Glaube ist wie ein stabiler Anker, den wir in den Himmel werfen können, um einen sicheren Stand zu haben.

- Christus kam nicht, um die Welt in einen Himmel zu verwandeln, sondern um den Himmel auf die Erde zu bringen.
  (John Henry Newman)

- Der Himmel senket sich, / er kommt und wird zur Erden.
  Wann steigt die Erd' empor / und wird zum Himmel werden?
  (Angelus Silesius)

- Lass den Himmel sich auf der Erde widerspiegeln, auf dass die Erde zum Himmel werden möge. *(Dschalal ad-Din Rumi)*

Geschichten

Der Platz im Himmel

Der französische Spötter Voltaire hat am Tisch Friedrichs des Großen einmal geäußert: »Ich verkaufe meinen Platz im Himmel für einen preußischen Taler.« Ein Ratsherr aus Kleve, der vom König zur Tafel geladen war, sagte: »Sie sind hier im Preußischen, und da muss jeder, der etwas verkaufen will, sein Eigentumsrecht daran nachweisen. Können Sie mir beweisen, dass Sie einen Platz im Himmel haben? Wenn Sie ihn mir in diesem Fall verkaufen, zahle ich jede Summe dafür.« – Voltaire, so wird es überliefert, schwieg verlegen.

Himmel und Hölle

Ein gewalttätiger Samurai besuchte einen kleinen Mönch. »Mönch«, sagte er in einem Ton, der sofortigen Gehorsam forderte, »belehre mich über Himmel und Hölle!«

Der Mönch sah den mächtigen Krieger an: »Dich über Himmel und Hölle belehren? Nichts kann ich dich lehren. Du bist schmutzig und stinkst. Deine Waffen sind verrostet. Eine Schande bist du für alle Samurais.« Der Samurai wurde rasend vor Wut. Er zog sein Schwert und hob es in die Höhe, um den Mönch damit zu erschlagen.

»Das ist die Hölle«, entgegnete der Mönch gelassen.

Der Samurai sah sich überwältigt. Da riskierte einer sein Leben, um ihm die Hölle zu zeigen. Er steckt sein Schwert in die Scheide und wurde ganz ruhig.

»Und das ist der Himmel«, sagte der Mönch mit leisem Lächeln.

(Aus dem Buddhismus)

Segensworte

Sei gesegnet mit all dem Guten, das vom Himmel kommt,
und mit all dem Schönen und Guten, das unsere Erde zu bieten hat.
Sei gesegnet mit der Kraft und der Stärke des guten Geistes Gottes,
der zu dir steht und dich hält in allen Lebenslagen.
Sei gesegnet mit der Zuwendung und der Liebe Gottes
aus der Fülle unserer Erde, die vom Himmel genährt wird.
Er umgebe und behüte dich von allen Seiten
und schenke dir so ein Stück vom Himmel inmitten unserer Welt.

Gott, deine Hand sagt mir mehr als viele Worte.
Dein bin ich, sagt sie, mein bist du.
Deine Hand sagt mir mehr als viele Worte.
Ich bin da, sagt sie, ich bleib dir nah.
Deine Hand sagt mir mehr als viele Worte.
Ich hab dich lieb, sagt sie, ich bleib an deiner Seite,
wie im Himmel, so auf Erden.

Wie Gott will: Ihr sollt gesegnet sein:
Mit einem Wunder, das euch das Leben leicht macht
und eure Schritte beschwingt wie im Tanz.
Mit einem Lied, das dankbar aus eurem Herzen aufsteigt

und Trübsinn und Traurigkeit überwindet.
Mit einem Himmel, der dann und wann über euch hereinbricht,
immer wenn ihr es nötig habt.

Einsatzmöglichkeiten
Christi Himmelfahrt ● Gottesdienst unter freiem Himmel ● auf dem
Campingplatz ● bei einer Jugendfreizeit ● im Zeltlager.

Gemeinde Gottes

Sorge um die Gemeinde
Herr, achte auf uns,
da wir uns in dieser Gemeinschaft versammelt haben.
Höre auf unsere Worte, vernimm unsere Bitten:

Es kann uns angst und bange werden, wenn wir uns umschauen:
Der Glaube schwindet, die Kirchlichkeit verdunstet,
immer weniger Menschen suchen nach dir, unserem Gott.
Alles andere ist wichtiger als Redlichkeit und Treue,
auf was sollen wir uns noch verlassen?
Wem sollten wir vertrauen?

Die Wahrheit ist aus der Kirche ausgezogen.
Statt Gerechtigkeit gibt es Verordnungen und Gesetze.
Was soll aus denen werden, die nach uns kommen?

Die Großen nützen ihre Macht über die Menschen aus
und bezeichnen sie als gottgegeben.
Sie spielen sich auf wie die Herren über unseren Glauben.
Sie nennen sich Diener und laden uns die Lasten auf,
die sie selber nicht tragen wollen.
Sie denken nicht, was sie sagen.
Sie leben nicht so, wie sie es von uns verlangen.

Wohin wir hören, heißt es:
Was macht das alles für einen Sinn?

Auf die Kleinen im Lande hört doch niemand.
Die Meinung der Schwachen wird unterdrückt,
die Gemeinden haben keine Chance, ihre Stimme zu erheben.
Angst und Depression breiten sich aus,
die Resignation legt sich über das Land wie ein Leichentuch.

Da spricht Gott, der Herr: Jetzt stehe ich auf.
Ich richte euch auf. Erhebt euch.
Seid nicht länger niedergedrückt und gebeugt:
Ich führe euch heraus aus Enge und Angst.
Ich mache euer Herz weit und gebe euch mein Wort:
Seht, ich bin bei euch alle Tage, bis ans Ende der Zeiten.
Ich werde euch behüten, wenn ihr meine Wege geht.
Weil ihr unterwegs seid und euch ausstreckt
nach Frieden und Gerechtigkeit,
bleibe ich an eurer Seite.
Ich halte euch in meiner Hand und sage euch: Habt Vertrauen.

Schriftworte

- Ich will deinen Namen meinen Brüdern verkünden, inmitten der Gemeinde dich preisen. Die ihr den Herrn fürchtet, preist ihn, ihr alle vom Stamm Jakobs, rühmt ihn; erschauert alle vor ihm, ihr Nachkommen Israels! Deine Treue preise ich in großer Gemeinde; ich erfülle meine Gelübde vor denen, die Gott fürchten. *(Ps 22,23–24.26)*

- Alle, die gläubig geworden waren, bildeten eine Gemeinschaft und hatten alles gemeinsam. Sie verkauften Hab und Gut und gaben davon allen, jedem so viel, wie er nötig hatte. Tag für Tag verharrten sie einmütig im Tempel, brachen in ihren Häusern das Brot und hielten miteinander Mahl in Freude und Einfalt des Herzens. Sie lobten Gott und waren beim ganzen Volk beliebt. Und der Herr fügte täglich ihrer Gemeinschaft die hinzu, die gerettet werden sollten. *(Apg 2,44ff)*

- Ich ermahne euch aber im Namen Jesu Christi, unseres Herrn: Seid alle einmütig, und duldet keine Spaltungen unter euch; seid ganz eines Sinnes und einer Meinung. *(1 Kor 1,10)*

Gebete

Lass uns deine Gemeinde sein, guter Gott, unterwegs mit Jesus Christus, auf den Straßen unserer Gemeinde, überall wo Menschen ihre Wege gehen: zur Arbeit, zur Schule, zum Einkaufen. Gib, dass wir nie an Menschen achtlos vorbeigehen, vor allem wenn sie weinen, zweifeln, gar verzweifeln. Lass uns deine Gemeinde sein, die trägt und erträgt, sich freut und verzeiht, wie es die Liebe tut.

Gott, wir bekennen, dass wir als Christen leider so leben wie viele andere auch. Unseren Alltag würzen wir mit ein bisschen Jesus und Evangelium, unsere Feste feiern wir nach unserer Art. Wir bitten dich, gib uns wenigstens gelegentlich die Augen und das Fühlen der Armen und Schwachen, damit wir unsere Welt aus ihrer Sicht sehen und unser Mitgefühl zu einem Mitleiden werde. Denn nur so werden wir zur Gemeinde, wie sie Jesus Christus gewollt hat.

Öffne deine Kirche für die ungewohnten Gedanken der neuen Propheten unter uns:
Für die unerbetene Kritik, für die überraschenden Vorgänge in der Gesellschaft, der Politik und der ganzen Geschichte, damit sie Antworten findet aus dem Geist des Evangeliums, die morgen und übermorgen noch tragen. Darum bitten wir durch Jesus Christus, der uns seinen Geist versprochen hat.

Gedanken

- Wenn meine Gemeinde nicht mehr fähig ist, Gutes zu gebieten und Schlechtes abzuwehren, so schafft sie Raum für Unglück und Unheil. *(Mohammed)*

- Ich habe den jungen Theologen immer gesagt: Wenn du um zehn auf die Kanzel gehst, musst du um neun noch Nachrichten hören. Es kann ja noch irgendetwas Schreckliches passiert sein. Die Gemeinde weiß es, und du stehst da oben und redest vom lieben Gott. *(Heinrich Albertz)*

- Viele richten sich ihr Leben ohne Kirche ein, während die Kirche vielfach ohne Leben auskommt. *(Walter Ludin)*

Ein Traum

Zehn kleine Christen
Zehn kleine Christen wollten Gemeinde sein,
einem war das zu viel Stress, da waren's nur noch neun.

Neun kleine Christen haben stets konform gedacht,
nur einer wollte selber denken, da waren's nur noch acht.

Acht kleine Christen sprachen, wie sie lieben,
doch einen hab'n sie ausgeschlossen, da waren's nur noch sieben.

Sieben kleine Christen, die Moral ganz ohne Klecks,
doch einer trieb es trauscheinlos, da waren's nur noch sechs.

Sechs kleine Christen hab'n auf Hartz IV geschimpft,
da wurde einer arbeitslos, da waren sie nur zu fünft.

Fünf kleine Christen haben ständig denunziert,
und einem hat das nicht gepasst, da war'n sie noch zu viert.

Vier kleine Christen tranken gerne Bier und Wein,
doch als dann einer Haschisch nahm, da war'n sie nur zu drei'n.

Drei kleine Christen lebten selbstbewusst und frei,
der eine wollte romtreu sein, da waren's nur noch zwei.

Zwei kleine Christen wollten brave Lämmlein sein,
der eine doch verließ den Stall, der andere blieb allein.

Der Letzte wachte endlich auf, bat um den Heiligen Geist,
er schloss sich der Gemeinde an, die zählte: Tausendundeins ...

Geschichten

Die perfekte Gemeinde

Ein junger Priester war frühzeitig Pfarrer geworden. Er beschloss, endlich die perfekte christliche Gemeinde einzurichten und durchzusetzen. Als Erstes schickte er alle weg, die seiner Meinung nach schwere Sünder waren: die unverheiratet Zusammenlebenden, die Geschiedenen und die Homosexuellen. Dann trennte er sich von jenen, die nicht alle zwölf Sätze des Glaubensbekenntnisses unterschreiben konnten oder wollten. Von den wenigen übrig Gebliebenen forderte er die monatliche Beichte, den Kommunionempfang kniend und in den Mund, wöchentlich eine Stunde Anbetung. Als er den Prozess der Reinigung zu seiner völligen Zufriedenheit vollzogen hatte, feierte er die Messe – allein!

Kleinlich

Ein guter Christ stellte sich vor Gott hin und sagte: »Ich zahle meine Kirchensteuer und spende zusätzlich noch zehn Prozent!« Er hört eine Stimme: »Bist du aber kleinlich. Ich habe dir alles gegeben.«

Den Fischen folgen

Da fragte einer: »Warum suchte Jesus einen Fischer wie Petrus aus, um ihm die Leitung der Kirche anzuvertrauen?« Die Antwort: »Wer sich zu Land bewegt, baut eine Straße und asphaltiert sie. Dann wird er immer wieder diesen Weg benutzen. Ein Fischer aber sucht die Fische dort, wo sie sind. Deshalb sucht er jeden Tag einen neuen Weg. Ihm kommt es darauf an, die Fische ausfindig zu machen. Es kann ja sein, dass der Weg von gestern nicht zu den Fischen von heute führt.« *(Nach missio aktuell 5/95)*

Segensworte

Der gerechte Gott lasse nicht zu,

dass wir heute Steine werfen oder Mauern bauen.

Alle Steine auf unserem Weg und in unseren Händen

sollen zu Brücken werden, die uns verbinden.

Genügend Gesundheit, um sich am Leben zu freuen.

Genügend Wohlstand, um teilen und helfen zu können.

Genügend Kraft, um die Fehler zu überwinden.

Genügend Geduld, um nicht gleich aufzugeben.

Genügend Mut, um den Mund aufzumachen.

Genügend Liebe, um das Gute zu entdecken.

Genügend Glaube, um vertrauen zu können.

Genügend Hoffnung, um die Zukunft zu bestehen.

Genügend Gnade, um das alles einzusehen.

Genügend Rücksicht, um die Gemeinde aufzubauen.

Einsatzmöglichkeiten

Pfarrfest ● Kirchweih ● sonstiges Gemeindefest oder -jubiläum ● Pfarr-
gemeinderatssitzung.

Das tägliche Brot

Gott der Fülle

Du hast unser Land gesegnet

mit Roggen und Gerste, mit Weizen und Dinkel,

für das Brot, das uns nährt.

Wir ernten Kartoffeln und Mais,

Obst, Gemüse, Hopfen und Trauben

für den Wein, der unser Herz erfreut.

Wir danken dir für diese Gaben,

die Frucht der Erde und der menschlichen Arbeit.

Wir wollen dein Lob singen und zugleich bekennen:
In einer Welt, die meint, gottlos leben zu können,
sorgst du für einen jeden von uns.
In einer Welt, in der die Güter der Erde ungerecht verteilt sind,
gibst du uns zu essen, zu trinken und einen Grund zu feiern.
In einer Welt, in der das Kapital wichtiger erscheint als der Mensch,
führst du uns den Weg der Barmherzigkeit und Gerechtigkeit.

Herr, wir wollen dir danken für den Ertrag unserer Hände Arbeit,
für Lohn und Gehalt wollen wir dankbar sein
und für einen Arbeitsplatz.
Bitten wollen wir für alle, denen es nicht so gut geht wie uns,
für jene besonders, die auf unsere Hilfe angewiesen sind.
Für alle, die kein Dach über dem Kopf haben,
kein Brot im Kasten und kein Wasser im Krug.

Zeige uns die Wege der Gerechtigkeit
und gehe mit uns auf der Straße des Friedens.
Das Brot möge uns Zeichen sein,
Zeichen deiner Liebe und Nähe und Zeichen deines Auftrags an uns,
Verantwortung zu übernehmen für Schöpfung und Menschen.

Schriftworte

- Man wird etwas Wasser holen; dann könnt ihr euch die Füße waschen und euch unter dem Baum ausruhen. Ich will einen Bissen Brot holen, und ihr könnt dann nach einer kleinen Stärkung weitergehen; denn deshalb seid ihr doch bei eurem Knecht vorbeigekommen. *(Gen 18,4f)*

- Besser unbeachtet bleiben und seine Arbeit verrichten, als großtun und kein Brot haben. Wer sein Feld bestellt, wird satt von Brot, wer nichtigen Dingen nachjagt, ist ohne Verstand. *(Spr 12,9ff)*

- Das Brot, das Gott gibt, kommt vom Himmel herab und gibt der Welt das Leben. Da baten sie ihn: Herr, gib uns immer dieses Brot! Jesus antwortete ihnen: Ich bin das Brot des Lebens; wer zu mir kommt, wird nie mehr hungern, und wer an mich glaubt, wird nie mehr Durst haben. *(Joh 6,33ff)*

Kleine Brotliturgie

Ich bringe Roggenbrot.
Es ist das Brot von Menschen, die hart arbeiten müssen.
Es erinnert uns an die Menschen,
die hungern nach einem Leben in Freiheit und Würde.
Wir bitten dich, Gott: Segne sie.

Ich bringe Vollkornbrot.
Es erinnert uns an alle, die nicht voll am Leben teilnehmen können,
die sich erniedrigt fühlen, weil sie arbeitslos sind,
die ihre Hände, Ideen und Gedanken nicht einsetzen können,
ihr Brot zu verdienen.
Wir bitten dich, Gott: Schau auf ihre Not.

Ich bringe Zwieback.
Es ist das Brot für die Kranken.
Es erinnert uns an alle, die Heilung brauchen,
und an alle, die für die Heilung der Menschen arbeiten.
Wir bitten dich, Gott: Segne sie.

Ich bringe Fladenbrot.
Es ist das Brot, das auch auf unserem Tisch heimisch geworden ist.
Es erinnert uns an die vielen Menschen aus anderen Kontinenten,
die bei uns wohnen.
Es erinnert uns daran,
dass uns die Begegnung mit ihnen reicher macht.
Wir bitten dich, Gott: Segne uns,
dass wir die Güter dieser Erde mit allen gerecht teilen.

Ich bringe ungesäuertes Brot.

Mit diesem Brot
feiern unsere jüdischen Schwestern und Brüder das Passah-Mahl.
Es erinnert uns an die Flüchtlinge, die – wie einst das jüdische Volk –
fliehen mussten und nun eine neue Heimat suchen.
Wir bitten dich, Gott: Vergib uns unsere Schuld.

Ich bringe Milchbrötchen.

Sie stehen für die Kinder:
für ihren Hunger nach Verständnis und tröstenden Armen,
für ihre Lebensenergie und ihren Tatendrang.
Wir bitten dich, Gott: Segne die Kinder und alle,
die mit ihnen zu tun haben.

Ich nehme Roggenbrot.

Es gibt mir Kraft, wenn ich mich durchbeißen muss.
Es erinnert mich an Menschen, die mit viel Mühe und wenig Genuss ihr
Leben bestreiten.
Jesus Christus: Du willst, dass wir das Leben auch genießen können.
Schenke mir die Freiheit dafür.

Ich nehme Zwieback.

Ich vertrage ihn noch, wenn mir die Sorge auf den Magen schlägt.
Er erinnert mich an Menschen, die sich für andere aufopfern.
Jesus Christus: Du willst, dass wir uns nicht auffressen lassen.
Schenke mir Gelassenheit.

Ich nehme Baguette.

Es lässt mich genießen, wenn mir der Alltag nicht mehr schmecken will.
Es erinnert mich an Menschen, die Abwechslung suchen.
Jesus Christus: Du willst, dass wir gestärkt dir nachfolgen.
Schenke mir Geduld.

Ich nehme Vollkornbrot.

Ich brauche Vollwertiges, weil mir Halbheiten und Oberflächlichkeit zu schaffen machen.

Es erinnert mich an Menschen, die für ihre Überzeugungen auf Annehmlichkeiten verzichten.

Jesus Christus: Du willst, dass wir mit uns und anderen behutsam umgehen.

Schenke mir Verständnis.

Geschichten

Versäumtes Leben

Ein Mensch, der nichts im Leben versäumen wollte, plante deswegen jede Minute seines Erdendaseins. War er in der Stadt, dachte er darüber nach, Urlaub im Gebirge zu machen. Dort angekommen beschloss er, festlich zu essen. Bei der Suppe hatte er schon den Geschmack des Bratens auf der Zunge; beim Schweinsbraten freute er sich auf den köstlichen Nachtisch. Bei »Himbeeren auf Eis« genoss er bereits eine gute Zigarre bei einem Glas Wein. Er beschloss, am nächsten Tag einen Ausflug ins Gebirge zu machen, und bei der Fahrt dachte er darüber nach, dass ein Theaterbesuch entspannender gewesen wäre. Darüber verging sein Leben, und er hatte niemals etwas ganz getan, sondern immer nur das Nächste vorbereitet. Auf dem Sterbebett blieb ihm nichts anderes übrig, als das Allerletzte zu planen.

Nicht in Ordnung

Ein älteres Ehepaar sitzt immer am gleichen Tisch im gleichen Restaurant. Die Bedienungen fürchten die beiden, weil sie immer etwas zu reklamieren haben. Darum schicken sie – wenn immer möglich – die Neuangestellten hin. Diesmal ist es eine junge Frau. Sie informieren sie kurz über das schwierige Paar. Dann schicken sie sie los. Sie nimmt die Bestellung auf, bringt kurz darauf das Essen. Kaum ist alles auf dem Tisch, fragt sie: »Ist irgendetwas in Ordnung?« Das Ehepaar schaut sie verdutzt an und isst, ohne zu meckern, das, was serviert wurde.

Brotgebet

Nehmt das Brot und gebt euch ein Zeichen des Friedens:
Tut es von Herzen und freiwillig, so dass man eure Achtsamkeit spürt.

Wir teilen das Brot:
Bevor sich Jesus hingegeben hat,
saß er mit den Frauen und Männern zusammen,
die ihm bis nach Jerusalem gefolgt waren.
Sie feierten das Passah-Fest ihres Volkes, das Fest der Befreiung.
Sie ahnten Jesu Tod und Traurigkeit breitete sich aus.
Sie fühlten sich unsicher und allein gelassen.
Sie ahnten, wie schwer Befreiung ist, und sie hatten Angst.

Da nahm Jesus das Brot, dankte, teilte es,
gab es den Seinen und sagte:
Wie dieses Brot ist mein Leib:
Er wird zerbrochen und hingegeben für euch;
Abschied und Anfang.
Teilt weiter das Brot miteinander und denkt an mich.
Ihr werdet künftig mein Leib sein.

Wir teilen den Kelch:
Dann nahm Jesus den Kelch, gefüllt mit Wein bis an den Rand.
Er sprach darüber ein Dankeswort, reichte ihn den Seinen und sagte:
Nehmt und trinkt alle davon.
Ab jetzt umschließt uns der Bund,
für Gerechtigkeit, Vergebung und Friede.
Wenn ihr künftig Wein miteinander trinkt, dann denkt an mich.
Wenn wir jetzt so im Namen Jesu
miteinander Brot essen und Wein trinken, wie er gesagt hat,
dann nehmen wir mit diesem Brot und Wein
ihn in unser Leben und Wirken auf.

Kraft zum Abschied von dem, was zu Ende geht,
Mut und Sinn für neues Leben,
für Vertrauen und Freundschaft, für Befreiung und Freude.

Brotbitte

Wir danken dir, unserem Gott,
du hast uns gestärkt mit Brot und Wein,
mit dem Leib und dem Leben Jesu.
Du hast uns bestärkt für das Leben,
du schenkst den Willen und die Kraft,
schwierige Lebenssituationen zu überstehen.

Wir danken unserem Gott
für alles, was wir zum Leben haben,
und für das Geschenk, unabhängig zu sein und frei,
verzichten und teilen zu können.

Wir danken unserem Gott
für den Frieden untereinander und bei uns im Land
und bitten um Frieden für die Menschen und Völker,
die unter Unrecht, Gewalt und Krieg zu leiden haben.

Wir danken unserem Gott
für unsere Gemeinschaft, Familie und Freundschaft
und für die Bereitschaft,
Einsamkeit und Alleinsein zu ertragen und tragen zu helfen.

Segensworte

Gott bleibe bei euch:
wie Brot und Wein,
wie eine Mutter und wie ein Vater,
wie eine Schwester und wie ein Bruder,
wie ein Freund und wie eine Freundin.

Lasst uns nach Hause gehen wie gesegnetes Brot,
das sich verteilt und Kraft schenkt.
Lasst uns nach Hause gehen wie eine gesegnete Hoffnung,
die aufrichtet und Mut macht.

Lasst uns nach Hause gehen wie ein gesegnetes Licht,
das hell macht und wärmt.
Seid gesegnet als Brot, als Hoffnung, als Licht.

Einsatzmöglichkeiten

Fronleichnam ● Dankgottesdienst am Erstkommuniontag ● Erntedank-
gottesdienst ● Haus- und Familiengottesdienst.

Es ist ein Kraut gewachsen

Heilsame Kräuter

Gott, du hast uns deine Schöpfung anvertraut
und uns die Schätze der Erde in die Hand gegeben.
Am dritten Tag hast die Pflanzen geschaffen und die Kräuter,
die Samen und Früchte bringen nach ihrer Art.
Uns zum Segen gibt es Minze, Dill und Kümmel.
Baldrian und Thymian lässt du für uns wachsen.
Spitzwegerich steht für uns üppig an den Rändern der Wege,
vertreibt den Husten und schenkt freien Atem.

Löwenzahn strahlt uns an aus dem Asphalt unserer Straßen,
Zeichen geduldiger, alles überwindender Kraft.
Die Linden verbreiten einen betäubenden Duft,
ihre Blüten senken das Fieber und stillen die Glut.
Die Wegwarte lindert unsere Beschwerden,
Magen und Darm kann sie heilen.
Der deftige Bärlauch macht auf seine Kräfte aufmerksam
durch seinen strengen Geruch,
Waldmeister duftet aus unseren Wäldern.

Du gibst uns Koriandersamen und Blutwurz,
erfreust uns mit Zimt, Anis und Vanille aus fernen Ländern.
Du lässt alles wachsen und gedeihen unter deiner Sonne
und erquickst die Erde mit Tau und Regen.

Damit wir ein Kräutlein hätten gegen jede Krankheit
und ein Pflänzchen, das uns fröhlich macht und ausgeglichen.

Ihr Hügel und Täler, Berge und Schluchten
und alles, was auf den winzigsten Flecken gedeiht,
Gras und Korn, Blüte und Frucht,
lobet und preiset den Herrn.
Wir loben dich, Gott, für alles, was wächst und reift.
Wir danken dir auch für Kleines und Unscheinbares.
Vor dir gibt es kein Unkraut; alles hat seine Bedeutung.
Nichts ist dir zu klein, nichts vor dir zu gering.

Doch über alles hast du den Menschen gestellt.
Im achtsamen Umgang mit der Natur sollen wir dir dienen.
Verantwortung sollen wir tragen für alles, was lebt,
damit wir selber das Leben haben.
Und deinen Namen preisen, der alles geschaffen hat.
Gott, dir sei Lob und Dank.

Schriftworte

- Dann sprach Gott: Das Land lasse junges Grün wachsen, alle Arten von Pflanzen, die Samen tragen, und von Bäumen, die auf der Erde Früchte bringen mit ihrem Samen darin. So geschah es. *(Gen 1,11)*

- Kommt das Gras hervor, erscheint das Grün, sammelt man die Kräuter auf den Bergen. *(Spr 27,25)*

Gebete

Gebet des Paracelsus
Du hast uns die Liebe als Arznei gegeben, o Gott,
und willst, dass der Arzt in dieser Liebe eingeschlossen sei,
um den Kranken zu heilen.
So wie deine Liebe kein Ende hat,
soll auch unser Forschen und Dienen kein Ende haben.

Ohne deine Hilfe ist der Arzt machtlos,
aber mit dir vermag er das Höchste.
Du nimmst uns in deinen Dienst,
weil du selber gern im Verborgenen bleibst.
Durch uns willst du die Kranken heilen.
Du gibst die Freude am ewigen Leben in jedes Herz,
darum wird jeder, der an dich glaubt,
lebendig auferstehen und den Tod nicht verkosten.

Du hast im Menschen die Kräfte aller Elemente
geheimnisvoll zusammengefasst,
so wie ein Arzt aus den Säften der Kräuter
die Kraft zum Heilen zieht.

Lass mich alles zum Nutzen der Kranken
nach bestem Vermögen und Urteil anordnen,
alles Schädliche von ihnen fernhalten.
Lass mich heilig und rein meine Kunst
und mein Leben bewahren.

Zum Nutzen und Heil
Gott, dem wir in der Natur begegnen:
Du hast alles geschaffen, was uns umgibt:
das Große und Gewaltige, das Kleine, Zarte und Bescheidene.
Manches, was uns zum Nutzen und Heil dient,
hast du direkt an den Wegrand gestellt.
Viele Pflanzen sind uns Heilmittel für den Leib und das Gemüt.
Schenke uns Achtsamkeit,
deine Geschenke zu erkennen und recht zu gebrauchen.

Gedanken
- Gott hat die Kräuter geschaffen, alles, was grünt und blüht auf Erden. Von Un-Kraut war nicht die Rede. Das ist eine Erfindung des
  Menschen. Jedes Kraut trägt zum Erhalt der Schöpfung bei. Und in
  jeder Pflanze ist ein Geheimnis verborgen, das es zu entdecken gilt.

- Das Grün wird überall auf der Erde erwartet. Diese Farbe ist nicht umsonst zum Hoffnungssymbol geworden. Unsere Erde braucht eine »grüne Bewegung«, denn die Bewahrung der Schöpfung muss von aktiven Impulsen gestützt werden. Schon deswegen wird es nicht mehr heißen: »Macht euch die Erde untertan«, sondern: Die Erde ist euch in die Verantwortung gegeben.

- Es gibt ja nur deshalb männliche und weibliche Kräuter in der Welt, weil es auch weibliche und männliche Krankheiten gibt. Man verschreibe also den Männern männliche Arzneien, den Frauen Arzneien, die ihrer Anatomie nach weiblich sind. *(Paracelsus)*
Diese alte Unterteilung ist vollständig verloren gegangen, obwohl Hildegard von Bingen noch männliche und weibliche Kräuter kannte und entsprechend einsetzte. In solchen naturnahen Erkenntnissen liegt wie so oft ein Körnchen Wahrheit, das es wieder zu entdecken gilt. Richtig ist sicher, was John Gerard schon 1636 festhielt: »Nichts kann hergestellt werden, gleich ob es wohlschmeckend, süß riechend, erfreulich anzusehen, förderlich für den Körper oder gesundheitsstärkend sein soll, ohne die Würze eines Krautes, den Geschmack einer Blüte, die Farbe eines Blattes, den Saft einer Pflanze oder den Sud einer Wurzel.«

- Allein für Europa wird die Zahl von Kräutern, die essbar oder heilkräftig sind, auf über 500 geschätzt. Der moderne Mensch kennt nur noch wenige. Meistens als aromatische Pflanzen, die zum Würzen geeignet sind, der Nahrung Geschmack verleihen und sich zur Verzierung der angerichteten Speisen eignen.

Geschichten

Drei schönste Dinge
Die Großmutter sah zum Himmel und sagte: »Die Sterne sind das Schönste, das es in unserer Welt gibt.« Der Enkel betrachtete die blitzenden und strahlenden Lichter und freute sich darüber.

Die Großmutter ging durch ihren Garten, blieb da und dort bei einer Blume stehen. Eine leuchtende Dahlie streichelte sie sogar und sagte: »Blumen sind das Schönste, das es in unserer Welt gibt.« Der Enkel, der ihr gefolgt war, freute sich über die Farbenpracht des Gartens.

Die Großmutter blickte in den Kinderwagen, in dem ein Baby schlummerte, und sagte: »Kinder sind das Schönste, das es in unserer Welt gibt.« Der Enkel betrachtete das zarte Wesen und staunte über das kleine Wunder.

Dann aber wurde der Junge ernst: »Großmutter! Alles ist bei dir das Schönste: die Sterne, die Blumen und die Kinder. Wie kann das sein?«

»Weil uns nur diese drei Dinge aus dem Paradies geblieben sind«, sagte wissend die alte Frau.

Die Lehre der Bäume

Der Meister lud seine Schüler zu einem spirituellen Spaziergang in den nahen Wald ein. Schweigend wanderten sie unter dem gewaltigen Laubdach. Sie vernahmen das leise Rauschen der Wipfel, hörten das Summen der Insekten und erfreuten sich am Gezwitscher der Vögel.

Als sie zurückgekehrt waren, fragte sie der Meister: »Was haben euch die Bäume gelehrt?«

»Die Natur ist schön«, meinte der eine. – »Gott ist groß«, sagte der andere. Doch der Meister war nicht zufrieden.

»Ich bin ruhig und gelassen geworden«, berichtete ein anderer. – »Unter dem Dach der Bäume fühlte ich mich geborgen«, erzählte wieder ein anderer. Doch auch damit war der Meister nicht zufrieden. Nach langem Schweigen sagte er: »Jeder von uns ist ein Blatt am Baum der Menschheit. Ohne diesen Baum bedeuten wir nichts.«

Segensworte

Bei der Kräuterweihe

Herr, unser Gott, du hast Maria über alle Geschöpfe erhoben und sie in den Himmel aufgenommen. An ihrem Fest danken wir dir für alle Wunder deiner Schöpfung. Durch die Heilkräuter und Blumen schenkst du uns Gesundheit und Freude. Segne diese Kräuter und Blumen. Sie erinnern uns an deine Herrlichkeit und an den Reichtum deines Lebens. Schenke uns auf die Fürsprache Marias dein Heil. Lass uns zur ewigen Gemeinschaft mit dir gelangen und dereinst einstimmen in das Lob der ganzen Schöpfung, die dich preist durch deinen Sohn Jesus Christus in alle Ewigkeit.

Brot für unsere Bedürftigkeit.
Rosen für unsere Sehnsucht.
Ein Kraut gegen Missmut und Krankheit.
Damit wir teilen und mitteilen:
Gott ist mitten unter uns.
Leben für jeden neuen Tag.
Liebe für jeden neuen Schritt.
Damit wir einander befreien und erlösen,
denn Gott ist mitten unter uns.
Heilende Zuwendung. Segnende Kraft.
Damit wir aufstehen und aufbrechen,
denn Gott ist mitten unter uns.

Zum Ritual

Das Fest »Mariä Aufnahme in den Himmel« am 15. August ist ein alter Lostag. Den Kräutern, die in dieser Zeit gesammelt werden, wird eine besonders intensive (Heil-)Kraft zugeschrieben.

Neun (Johanniskraut, Schafgarbe, Baldrian, Arnika, Königskerze, Kamille, Wermut, Pfefferminze, Tausendgüldenkraut) oder fünfzehn Kräuter (Fünffingerkraut, Glockenblume, Kümmel, Margerite, Eberwurz, Bibernelle, Wermut, Königskerze, Pfefferminze, Weinraute, Liebstöckel, Teufelsabbiss, Mooskolben, Bittersüßer Nachtschatten und Johanniskraut) werden nach dem Sammeln getrocknet.

Ein Zweig oder einige Blätter von jeder Pflanze werden miteinander vermischt und dann auf einer Holzkohle verbrannt. Der aufsteigende Rauch sollte alle Zimmer der Wohnung oder des Hauses erreichen. Dabei wird die Bitte ausgesprochen, es möge jeder Schaden von Heim und Hof fernbleiben und alles Unheil von Menschen, die hier wohnen, abgewendet werden.

Der Kräuterbusch ziert das Jahr über das Kreuz oder bleibt im Eingangsbereich des Hauses oder der Wohnung stehen.

Einsatzmöglichkeiten
Mariä Aufnahme in den Himmel (15. August) ● Gottesdienst zur Kräuterweihe ● Gottesdienste in der Natur ● spirituelle Wanderung durch einen Kräutergarten.

Die Ernte einfahren

Ertrag eines Jahres
Herr, das Jahr neigt sich seinem Ende zu.
Die Früchte sind reif geworden
auf den Feldern und in den Weinbergen.
Du hast uns ein Jahr geschenkt,
das reich war an Sonne und Regen,
und unser Land bewahrt vor Unwetter und Hagelschlag.

Du hast das Land gesegnet mit Obst und Gemüse,
mit Roggen und Gerste, mit Kartoffeln und Mais.
Der Wein ist geraten und der Hopfen gediehen,
wir können nicht klagen über den Ertrag eines Jahres.

Deshalb sind wir gekommen, um zu danken.
Wir wollen dein Lob singen und zugleich bekennen:
In einer Welt, die meint ohne dich auskommen zu können,
sorgst du für einen jeden von uns.
In einer Welt, in der die Güter immer ungerechter verteilt werden,
in der das Kapital wichtiger scheint als der Mensch,
führst du uns Wege der Barmherzigkeit und Gerechtigkeit.

Herr, wir wollen dir danken für den Ertrag unserer Hände Arbeit,
für unseren Arbeitsplatz wollen wir danken,
für Lohn und Gehalt, für Pension und Rente.

Bitten wollen wir für alle, denen es nicht so gut geht wie uns,
und besonders für jene, die auf unsere Hilfe angewiesen sind,
für die Armen, Alten und Schwachen,
für die Kranken und solche, die nicht mehr mithalten können,
weil sie kaum genügend zum Leben haben.
Um einen Arbeitsplatz bitten wir für Arbeitslose,
bitten für alle, die kein Dach über dem Kopf haben,
kein Brot im Kasten und kein Wasser im Krug.

Zeige uns die Wege der Gerechtigkeit, der Solidarität
und des Friedens.
Lehre uns Achtsamkeit und Verantwortungsbewusstsein
und den nachhaltigen Umgang mit den Gütern,
die aus deiner Hand kommen.
Lass nicht zu, dass wir Wasser, Luft und Erde verderben.
Dann bleibt unser Erntedank nicht bloßes Lippenbekenntnis.
Dann wirkt sich unser Dank aus in der Bereitschaft zu teilen.

Schriftworte

- So lange die Erde besteht, sollen nicht aufhören Aussaat und Ernte, Kälte und Hitze, Sommer und Winter, Tag und Nacht. *(Gen 8,22)*

- Die mit Tränen säen, werden mit Jubel ernten. Sie gehen hin unter Tränen und tragen den Samen zur Aussaat. Sie kommen wieder mit Jubel und bringen ihre Garben ein. *(Ps 126,5f)*

- Wer ständig nach dem Wind schaut, kommt nicht zum Säen, wer ständig die Wolken beobachtet, kommt nicht zum Ernten. *(Koh 11,4)*

- Denkt daran: Wer kärglich sät, wird auch kärglich ernten; wer reichlich sät, wird reichlich ernten. Jeder gebe, wie er es sich in seinem

Herzen vorgenommen hat, nicht verdrossen und nicht unter Zwang; denn Gott liebt einen fröhlichen Geber. *(2 Kor 9,6f)*

Gebete

Wir vertrauen darauf, dass alles aus deiner Hand kommt, barmherziger Gott. Deshalb bitten wir: Lass uns die Güter unserer Erde gebrauchen, aber nicht missbrauchen. Lass uns die Früchte der Erde genießen, aber nicht in Sucht verfallen. Lass uns so das Irdische leben, dass wir darüber das Wichtigste, das Reich Gottes unter uns, nicht verlieren. Durch Jesus Christus, der uns lehrt, hinter die Dinge zu sehen.

Gott, wir danken dir. Wir leben heute und morgen aus deiner Güte und aus deiner Zuwendung, wie wir gestern und alle Tage gelebt haben von dieser Erde Brot, Wein, Licht und Liebe. Wir bitten dich für die Zukunft: Nichts soll uns von deiner Güte trennen und nichts von Jesus Christus, in dem du uns ganz nahe gekommen bist für heute und für immer.

Gedanken

- Das Alter bringt die Ernte ein, die Ernte aus dem Gelernten, aus dem Erlebten, die Ernte aus dem Geleisteten und Erreichten, die Ernte aus dem Erlittenen und Bestandenen. *(Johannes Paul II.)*

- Wer den Acker aus der Westentasche düngt, kann die Ernte im Hosensack heimtragen.

- Dein Tag bekommt seinen Wert nicht dadurch, was du bereits am Abend als Ernte buchen kannst, sondern welche Samen du aussäen konntest.

- Schon gewusst? Jesus ist mein Kumpan. Er teilt mit mir das Brot.
  Jesus ist mein Kumpan. Er geht mit mir durch dick und dünn.
  Jesus ist mein Kumpan. Er trägt mit mir Angst und Leid.
  Jesus ist mein Kumpan. Er ist meine Freude.
  Wieso Kumpan? Auf Deutsch: Er teilt das Brot mit mir.
  Deswegen ist er mein Kumpan.

Geschichten

Zwei Brüder

Es waren einmal zwei Brüder. Beide hatten von ihrem Vater Äcker geerbt und bebauten sie. Der eine war verheiratet und hatte drei Kinder; der andere war ledig geblieben.

Als die Zeit der Getreideernte gekommen war, schnitten sie die Halme, bündelten sie und stellten sie zum Trocknen auf.

Als es dunkel geworden war, kam der Ledige und trug drei große Getreidebündel auf den Acker seines Bruders, weil er sich dachte: »Mein Bruder hat drei Kinder; er braucht mehr als ich.«

Vor Sonnenaufgang kam der Verheiratete und trug drei besonders große Bündel auf den Acker seines Bruders, weil er sich dachte: »Mein Bruder hat nicht das Glück, Frau und Kinder zu haben; dann soll er wenigstens mehr Getreide bekommen.« Als die Sonne aufging, schickte sie ihre Strahlen über zwei Gerechte. *(Nach einer jüdischen Geschichte)*

Rechtzeitig üben

Der weise Diogenes brauchte nicht viel zum Leben. Das Wenige erbettelte er sich auf dem Markt. Die Händler kannten den närrischen Gelehrten und schenkten ihm, was er nötig hatte. Eines Tages sah man Diogenes, wie er unablässig eine Steinfigur um eine milde Gabe anbettelte. Als ihn ein Passant fragte, warum er denn so etwas Seltsames tue, antwortete Diogenes: »Ich übe mich in der Kunst, mir etwas abschlagen zu lassen.«

Segensworte

Säe Bohnen, du erntest Bohnen.
Stecke Kartoffeln, du erntest Kartoffeln.
Pflanze Weinstöcke, du erntest Trauben.
Segne und du wirst gesegnet.

Wer immer nach dem Wind schaut,
kommt nicht zum Säen.

Wer immer nur die Wolken betrachtet,
kommt nicht zum Arbeiten.
Wer immer nur die Sonne scheinen lässt,
kommt nicht zum Ernten.
Wer immer nur Gott im Munde führt,
hat ihn nicht in seinem Herzen.
Herr, segne meine Hände
für Taten, die zu Herzen gehen.

Gott, segne unser Tun und Lassen,
als ob es allein auf uns ankäme.
Gott, segne unser Tun und Lassen.
als ob alles in deiner Hand läge.
Gott, segne unser Tun und Lassen
damit wir gemeinsam am Werk sind.

Ich wünsche dir ein Gerstenkorn Hoffnung:
Daraus kann Brot werden. Nahrung, Tag für Tag.
Eine kleine Tat. Ein gutes Wort. Ein liebevoller Blick.
Kleines Gerstenkorn Hoffnung.
Aus dir kann Brot werden.
Weg-Zehrung. Ein Stück Zukunft.
Ein Blick in die Ewigkeit.
Diese Kleinigkeit wünsche ich dir
und alles, was daraus werden kann.

Einsatzmöglichkeiten
Bei Gottesdiensten und Feiern zum Erntedank.

Brot und Rosen

Auf der Seite Gottes

Gott, du bist auf der Seite der Kleinen,
wer von uns wollte da auf der anderen Seite stehen.

Gott, du bist auf der Seite der Hungernden,
wer von uns wollte ihnen dann das Brot verweigern.

Gott, du bist auf der Seite der Schwachen,
wer von uns wollte ihnen nicht die Freude des Weines schenken.

Gott, du bist auf der Seite derer, die Rosen in den Händen tragen,
wer von uns wollte sich dann nicht für Gerechtigkeit und Frieden
einsetzen.
Wir bitten dich hier und heute:

Öffne unsere Hände,
damit durch uns Menschen satt werden können.

Öffne unsere Augen,
damit wir die Bedürftigkeit und die Not der Alten und Einsamen nicht
übersehen.

Öffne unsere Herzen,
damit sich Menschen geliebt fühlen können, die am Rande unserer Gesellschaft stehen.

Öffne unsere Ohren,
damit wir auch den lautlosen Schrei der Traurigen und Verzweifelten
nicht überhören.

Öffne unseren Mund,
damit wir nicht verstummen angesichts der Unmenschlichkeit und des
Unrechts.

Dann wird der Schrei der Hungernden auf unseren Lippen sein,
und es kann sich etwas ändern durch uns.

Dann wird der Schrei nach Brot und Auskommen hörbar,
und wir werden die Politik unseres Landes beeinflussen.

Dann wird der Schrei nach Wein und Lebensglück vernommen,
und die Einstellung unseres Volkes wird sich verändern.

Dann werden die Rosen in unseren Händen duften
nach Zuwendung, Solidarität und Liebe,
nach deiner Güte und deinem Erbarmen.

Dann wird vom Duft der Rosen
immer etwas auf unseren Händen bleiben.
Der Duft deiner Gegenwart und deiner Liebe, guter Gott.

Lied von Brot und Rosen

Wenn wir zusammen gehen, geht mit uns ein schöner Tag, durch all die
dunklen Küchen und wo grau ein Werkshof lag, beginnt plötzlich die
Sonne unsre arme Welt zu kosen, und jeder hört uns singen: Brot und
Rosen. Brot und Rosen!

Wenn wir zusammen gehen, gehen unsre Toten mit. Ihr unerhörter
Schrei nach Brot schreit auch durch unser Lied. Sie hatten für die Schönheit, Liebe, Kunst erschöpft nie Ruh. Drum kämpfen wir ums Brot und
wollen Rosen dazu.

Wenn wir zusammen gehen, kommt mit uns ein bessrer Tag. Die Frauen,
die sich wehren, wehren aller Menschen Plag. Zu Ende sei: dass kleine
Leute schuften für die Großen. Her mit dem ganzen Leben: Brot und
Rosen! Brot und Rosen!
*(1912, entstanden beim Streik von 14.000 Industriearbeiterinnen in Law-
rence/USA)*

Ein anderes Lied

Sing mit mir ein Halleluja, sing mit mir das Lebenslied:
Für die Menschen, die noch aufeinander achten,
für alle Hilfe, die so leicht kein andrer merkt und sieht.

Für die Hand in deiner Hand, fest und herzlich warm.
Für die ersten roten Rosen, Kinderlachen voller Charme.

Für den Verrückten, der das Leben leichtnimmt,
für das frische Wasser, das in seiner Quelle spielt.

Für den Freund an deiner Seite, der dich nicht betrügt,
für den Minister in Berlin, dessen Wort nicht lügt.

Für den Clown, der Freude schenkt, uns zum Lachen bringt,
für den Vogel, der am Morgen seine vierzehn Strophen singt.

Für den Arzt, der ehrlich deine Lebensängste teilt,
für den bunten Schmetterling, der auf deiner Hand verweilt.

Für den Bischof, der nur das sagt, was er wirklich glaubt.
Für die pralle Lust am Leben, die den Verstand uns raubt.

Für sie alle wollen wir singen, halleluja, Dankeschön.
Lebensfreude soll erklingen, bis wir uns bald wieder sehn.

Glaubensbekenntnis
Ich glaube, dass Gott ja sagt
zu den Menschen, die er liebt,
denen er Brot und Rosen schenkt.

Ich glaube, dass Gott ja sagt
zu unserer Welt,
aber er will nicht, dass sie bleibt, wie sie ist,
weil er uns Brot und Rosen gibt.

Ich glaube, dass Gott ja sagt
zu dieser Gemeinde,
die Sauerteig sein soll, Salz und Licht.

Ich glaube, dass Gott ja sagt
zu Frauen und Männern,

er hat sie nach seinem Bild geschaffen und beauftragt,
das Gesicht der Erde zu gestalten

Ich glaube, dass Gott ja sagt
zu mir, zu einem jeden von uns.
Er hat uns beim Namen gerufen.

Ich glaube, dass Gott ja sagt
zum Leben, zum Gestern und Morgen
in seiner Barmherzigkeit
wie Brot und Rosen.

Schriftwort

- Erlesener Wein und Salböl sollen uns reichlich fließen, keine Blume
  des Frühlings darf uns entgehen. Bekränzen wir uns mit Rosen, ehe
  sie verwelken; keine Wiese bleibe unberührt von unserem ausgelas-
  senen Treiben. Überall wollen wir Zeichen der Fröhlichkeit zurück-
  lassen; das ist unser Anteil, das fällt uns zu. *(Weish 2,7ff)*

Gebete

Der Fisch kann im Wasser nicht ertrinken.
Der Vogel in der Luft nicht versinken.
Das Gold im Feuer nicht vergehen.
Wie könnte ich meiner Natur widerstehen?
Vor allen Dingen: an Gott hängen nur:
Er ist unser Vater von Natur.
Mein Bruder nach seiner Menschlichkeit.
Mein Liebhaber wegen seiner Zärtlichkeit.
Ich bin sein am Ende wie am Beginn.
Gott geht mir nicht aus dem Sinn.
(Nach Mechthild von Magdeburg)

Gott, Vater, Mutter, Geist.
In dir herrscht Leben, du bist die Bewegung.
Wo Taubheit herrscht, da bist du nicht.

Wo Menschen einander totschweigen oder übersehen, bist du nicht.
Öffne unseren Mund und unsere Herzen mit guten Worten füreinander,
mache unsere Hände großzügig,
damit sie denen Brot und Rosen bringen,
die das eine wie das andere nötig haben.

Gedanken

- Man kann Brot ohne Liebe geben, aber wenn man Liebe gibt, so wird man auch immer Brot geben. *(Leo Tolstoi)*

- Einmal, alle hundert Jahre, trifft Jesus von Nazareth den Jesus der Christen in einem Garten zwischen den Hügeln des Libanon. Und sie sprechen lange; und jedes Mal geht Jesus von Nazareth fort, indem er zum Jesus der Christen sagt: »Mein Freund, ich fürchte, wir werden niemals, niemals übereinstimmen.« *(Khalil Gibran)*

- Gott beschenkt uns mit Erinnerungen, damit wir noch im Winter Rosen haben.

Geschichten

Eines Tages hörte Elisabeth, Landgräfin von Thüringen, dass eine Frau sehr krank sei. Ihre Kinder hätten nichts zu essen und weinten vor Hunger. Da packte Elisabeth einen Korb mit Brot und Nahrungsmitteln und machte sich auf den Weg ins Dorf. Graf Ludwig war es nicht recht, denn er musste sich die Klagen seiner Familienmitglieder anhören, Elisabeth benähme sich nicht wie eine Fürstin; sie verschwende das Hab und Gut, er müsse endlich einschreiten. Als Ludwig nun den Schlossberg hinaufritt, sah er seine Frau mit einem schweren Korb am Arm. Er verstellte ihr den Weg und wollte sehen, was sie in dem Korb trug. Elisabeth deckte den Korb auf. Da lagen wunderschöne rote Rosen. Ludwig spürte, welche Liebe und Güte von seiner Frau ausging. Er erlaubte seiner Frau, zu den Menschen im Dorf zu gehen und ihnen zu helfen.

Rainer Maria Rilke ging in der Zeit seines Pariser Aufenthaltes regelmäßig über einen Platz, an dem eine Bettlerin saß, die um Geld anhielt.

Ohne je aufzublicken, ohne ein Zeichen des Bittens oder Dankens zu äußern, saß die Frau hier am gleichen Ort. Rilke gab nie etwas, seine Begleiterin warf ihr häufig ein Geldstück hin. Eines Tages fragte die Französin verwundert, warum er nichts gebe. Rilke antwortete: »Wir müssten ihrem Herzen schenken, nicht ihrer Hand.« Wenige Tage später brachte Rilke eine eben aufgeblühte Rose mit, legte sie in die offene, abgezehrte Hand der Bettlerin und wollte weitergehen. Da geschah das Unerwartete: Die Bettlerin blickte auf, sah den Geber, erhob sich mühsam von der Erde, tastete nach der Hand des fremden Mannes, küsste sie und ging mit der Rose davon. Eine Woche lang war die Alte verschwunden; der Platz, an dem sie vorher gebettelt hatte, blieb leer. Nach acht Tagen saß sie plötzlich wieder wie früher an der gewohnten Stelle. Sie war stumm wie damals, stumm und starr wie zuvor. »Aber wovon hat sie denn in all den Tagen gelebt?«, fragte die Französin. Rilke antwortete: »Von der Rose ...«

Segensworte
Das Brot des Lebens – für euch.
Und Rosen dazu.
Das Brot der Liebe – für euch.
Und Rosen dazu.
Das Brot der Zukunft – für euch.
Und Rosen dazu.
Mit Rosen und mit Brot sollt ihr reichlich gesegnet sein.

Möge Gott dir geben, was du nötig hast:
Arbeit für deine Hände,
Brot für deinen hungrigen Leib,
Wein für deine Seele,
Antwort für deine Suche,
eine Rose auf deinen Schreibtisch,
Freude und Liebe für dein Herz,
Frieden für dich und die Deinen.

Einsatzmöglichkeiten

Gottesdienst am Fest der hl. Elisabeth (19. November) ● Treffen eines Sozialteams ● Feier im caritativen Bereich.

Geschenkte Lebenszeit
Zu lebensbegleitenden Anlässen

Geschenkte Lebenszeit

Geburtstagspsalm

Ein weiteres Jahr hast du von deiner Lebenszeit
zurückgelegt in Gottes Hand.
Heute ist der erste Tag vom Rest deines Lebens.
Zähle nicht die Stunden. Plane nicht die Wochen.
Sei dankbar.
So wie wir dankbar sind, dass es dich gibt.
So wie du bist, so wie du sein wirst.

Gute Gedanken sollen dich beraten und geleiten.
Neue Lieder sollen aus deinem Herzen aufsteigen,
neuer Schwung soll dich beflügeln,
damit du leichtnimmst, was da alles kommen mag,
dass du fliegen kannst und dich über die Erdenschwere erheben
mit Fantasie und Gelassenheit, mit Offenheit und Achtsamkeit.

Denn gerade sollst du gehen durch deine Zeit.
Deshalb halte Gott deine Hände schützend über dich.
Er sende seinen Engel an deine Seite,
damit du umgeben bist von seiner Güte.
Er selber achte auf deine Wege
und mache deine Straßen frei.

Alles, was unsere Erde zu bieten hat,
lege ich zum Geschenk vor deine Füße:
die Luft, die wir atmen,
den Wind, der uns streichelt,
das Wasser, das uns erfrischt,

die Erde, die uns nährt,
die Sonne, die uns wärmt,
die Liebe, aus der wir leben.

Denn das sollst du wissen, heute, an deinem Tag:
Du bist liebenswert, weil Menschen dich lieben.
Du wirst geliebt, weil Gott dich liebt.

Ein Glaubensbekenntnis

Ich glaube nicht an einen allmächtigen Gott, der alles lenkt, alle Ereignisse, jeden Augenblick unseres Lebens. Aber ich glaube an einen Gott, der mir die Freiheit geschenkt hat, das Leben zu leben.

Ich glaube nicht an einen Gott, der alles vorherbestimmen muss, nicht meinen Anfang und mein Ende. Aber ich glaube an einen Gott, der mich nach meinem Tod leben lässt in einem ewigen Leben.

Ich glaube nicht an einen Gott, der seine Kinder ins Nichts fallen lässt. Aber ich glaube an einen getreuen Gott als einen gütigen Vater, als eine sorgende Mutter.

Ich glaube nicht an einen Gott, der aus der Ferne die Lebensgeschichte des Menschen beobachtet. Aber ich glaube an einen Gott, der in Jesus Christus uns ganz nahe gekommen ist und unser Leben teilt.

Ich glaube nicht an einen Gott, der Tag und Nacht wie ein Polizist unsere Fehler und Sünden überwacht. Aber ich glaube an einen Gott, der voller Leidenschaft fürs Glück einsteht und die Fülle des Lebens schenken will.

Schriftworte

- Da pries ich die Freude; denn es gibt für den Menschen kein Glück unter der Sonne, es sei denn, er isst und trinkt und freut sich. Das soll ihn begleiten bei seiner Arbeit während der Lebenstage, die Gott ihm unter der Sonne geschenkt hat. *(Koh 8,15)*

● Du hast mein Inneres geschaffen, mich gewoben im Schoß meiner Mutter. Ich danke dir, dass du mich so wunderbar gestaltet hast. Ich weiß: Staunenswert sind deine Werke. Als ich geformt wurde im Dunkeln, kunstvoll gewirkt in den Tiefen der Erde, waren meine Glieder dir nicht verborgen. Deine Augen sahen, wie ich entstand, in deinem Buch war schon alles verzeichnet; meine Tage waren schon gebildet, als noch keiner von ihnen da war. *(Ps 139,13ff)*

Gebete

Gott, vor dir ist ein Tag wie jeder andere. Für mich ist heute ein besonderer Tag. Ich bin dankbar, dass mir das Leben geschenkt wurde. Ich feiere diesen Tag. Ich danke dir, für das, was du mir gegeben und für das, was du mir in deiner Weisheit versagt hast. Ich danke dir, was du mir zugedacht und verweigert hast.

Ich danke für alles, was du zugelassen und mir erspart hast. Ich danke dir, wo du mich beschützt hast. Für alle Chancen und Begabungen danke ich dir. Dir vertraue ich mein Leben an und das neue Jahr.

In jenen Tag gesprochen

Herr, erinnere mich mit jedem Atemzug daran,
dass ich mich nicht sofort zu jeder Sache und bei jeder
Gelegenheit äußern muss.

Herr, befreie mich in jeder Minute von dem Zwang,
mich in die Angelegenheiten anderer,
vor allem Jüngerer, einzumischen.

Herr, schenke mir bei jedem Viertelstundenschlag die Gabe,
rasch und offen zur Sache zu kommen.

Herr, nimm mir das Bedürfnis, zu jeder Stunde
über meine Krankheiten und Beschwerden zu sprechen.

Herr, verleihe mir schon am frühen Morgen die Bereitschaft,
nicht Böses mit Bösem zu vergelten.

Herr, lass nicht zu, dass mich tagsüber
meine Erinnerung an eigene Fehler im Stich lässt,
damit ich nicht einseitig, hart und stur werde.

Herr, bis zum Mittag möchte ich wenigstens einem Menschen
ein gutes Wort gesagt haben.

Herr, lass mich am Abend feststellen,
dass ich ein bisschen besser geworden bin,
als ich es gestern war.

Herr, dann kann ich in den Stunden der Nacht
mein Leben ganz gelassen in deine Hände legen,
ruhig schlafen und im Frieden mit dir
den neuen Tag voll Zuversicht erwarten.
Gebet an der Kirchentür von St. Michael/Schweinfurt

Gedanken

- Jeder Tag ist ein Geburtstag, den wir entsprechend feiern sollten. Unser ganzes Leben ist ein nie wiederkehrender Geburtstag, heilig ist deswegen jeder Tag.

- Geburtstag, wenigstens für ein paar Augenblicke das Lebensrad anhalten, sich auf seine Einmaligkeit und Einzigartigkeit besinnen, sich spüren und ruhig werden. Energie sammeln für den weiteren Weg im Leben.

- Jener letzte Tag, vor dem du zurückschreckst, ist der Geburtstag der Ewigkeit. *(Seneca)*

Geschichten

Das Alter

Ein Mönch, der 80 Jahre alt geworden war und dem die Mitbrüder gratulierten, jammerte: »Das Treppensteigen fällt mir schwer.« Die Gratulanten trösteten: »Es ist das Alter!« – »Und bücken kann ich mich auch nicht mehr so gut.« – »Das Alter, lieber Bruder«, trösteten sie. »Jeder

Atemzug kostet mich große Mühe.« – »Auch das ist das Alter«, meinten die Mitbrüder. Da wurde der Mönch wütend und schrie: »Das Alter, habt ihr denn keine andere Antwort?« – »Auch das ist das Alter«, lächelten verständnisvoll die Mönche.

Das dritte Leben
Sie feierten ihren 90. Geburtstag mit allem, was dazugehörte. Die alte Dame bestand darauf, Champagner zu trinken, obwohl sie gewarnt wurde: »Denk an deinen Blutdruck!« Sie aß mit großem Genuss Gänsebrust mit Knödeln und ließ sich vom Fleisch noch eine Portion nachreichen, obwohl man sie mahnte: »Denk an das Cholesterin!« Sie tanzte mit ihrem Jugendfreund, er war zehn Jahre jünger, einen Foxtrott, obwohl ihre Töchter entsetzt sagten: »Und das nach der schwierigen Hüftoperation!« Das Fest war zu Ende gegangen. Ein wenig müde, aber glücklich und zufrieden, saß die Jubilarin in ihrem Sessel. Einer ihrer Enkel, immerhin auch schon fast 50 Jahre alt, fragte: »Oma, wie schaffst du das bloß in deinem Alter? Alle bewundern dich!« – »Das Alter ist wunderbar. Es ist das dritte Leben. Du darfst nur nicht verlernen, jeden Tag neu mit dem Leben anzufangen«, bekam er zur Antwort.

Unter den Gratulanten zum 100. Geburtstag von Oswald von Nell-Breuning war auch sein Ordensbruder Wilhelm Klein. »Wie oft«, schrieb der ihm, »habe ich schon gedacht: Ich möchte für mein Leben gern einmal mit einem Hundertjährigen sprechen, über dies und das.« Bei seinem Besuch war der Jesuit Klein 101 Jahre alt. Wir können nur ahnen, was die beiden gesprochen haben.

Segensworte

Ein Rundum-Segen
Der Herr segne dich.
Er erfülle dein Herz mit Ruhe und Wärme.
Deinen Verstand mit Weisheit.
Deine Augen mit Lachen und Klarheit.

Deine Ohren mit Musik.
Deinen Mund mit Fröhlichkeit.
Deine Nase mit Wohlgeruch.
Deine Zunge mit Geschmack.
Deine Hände mit Zärtlichkeit.
Deine Arme mit Kraft.
Deine Beine mit Schwung.
Deine Füße mit Tanz.
Deinen Leib mit Gesundheit.
Deine Fahrten mit Sicherheit.
Dein Verhalten mit Rücksicht.
Der Herr segne dich.
Dich ganz und gar mit Gelassenheit.

So sei Gott mit dir
Gott sei mit dir
wie ein Vater, aus dem alles lebt,
wie eine Mutter voller Güte,
wie ein Gefährte gegen alle Not,
wie eine Freundin, die mit dir geht,
wie eine Energie, die dich bewegt,
wie die Treue, die dich tröstet.
Gott sei mit dir, Kraft deines Lebens.
Wie neugeboren sollst du sein.

Ein Wunsch
Was ich dir wünsche zum neuen Lebensjahr?
Dass jede Gabe Gottes in dir wachse, dass immer einen Freund du hast,
der deiner Freundschaft wert,
dass die Stimme deines Herzens dir den Weg weise
und dass in Freud und Leid das Lächeln deines Engels
und der Gesang aller Heiligen dich begleite.

Einsatzmöglichkeiten

Geburtstag ● Gottesdienst für ein Jahrgangsfest.

Wie die Kinder

In Gottes Hand

Deine Hand, mein Kind, in meiner Hand.
Wir alle sind in Gottes Hand.

Deine Hand, mein Kind, in meiner Hand.
Wir alle sind in Gottes Hand. (KV)

Du unser lieber Gott.
Dein Name ist groß unter allen Menschen.
Deine Herrlichkeit füllt den Himmel und die Erde.

Schon die Kleinsten singen dir.
Die Kinder freuen sich über dich.
Sie sind für uns das Zeichen,
dass du Hoffnung für uns Menschen hast.

Die winzigen Finger der Kinder unter uns,
der gewaltige Himmel über uns
sind das Werk deiner Hände;
ein Fingerzeig genügt, und alles ist gut.

Mein Auge, mein Kind, in deinen Augen.
Gottes Auge wacht über uns. (KV)

Manchmal fragen wir uns schon:
Was bedeuten wir dir?
Was ist an uns, dass dein Auge auf uns ruht?

Die Antwort liegt in den Augen der Kinder.
Rein sind sie, heilig und schön.
Selbst die Engel können nicht schöner sein.

Du achtest auf uns, dass wir nicht verloren gehen,
um der Kinder und ihrer Zukunft willen.
Sie fordern uns heraus,
gläubig zu sein und vertrauensvoll wie sie.

Deine Füße, mein Kind, neben meinen Füßen.
Gott begleitet uns. (KV)

Du gibst alles, was ist, in unsere Verantwortung.
Das Große und das Kleine,
selbst noch Hund und Katze sind Zeichen deiner Nähe.

Besonders dann die Pflanzen und Tiere,
der Zaunkönig und der Elefant.
Sie sagen uns: Du bist wunderbar.

Und doch liebst du uns Menschen
am meisten von allem, was du gemacht hast.
Wegen der Kinder umgibst du uns
mit Liebe, Güte und Erbarmen.

Gott, du bist groß und wunderbar.
Dein Name sei gepriesen.

Schriftworte

- Wohl dem Mann, der den Herrn fürchtet und ehrt. Es segne dich der
  Herr vom Zion her. Du sollst dein Leben lang das Glück Jerusalems
  schauen und die Kinder deiner Kinder sehn. *(Ps 128,1.5)*

- Man brachte auch kleine Kinder zu Jesus, damit er ihnen die Hände
  auflegte. Als die Jünger das sahen, wiesen sie die Leute schroff ab.
  Er aber rief die Kinder zu sich und sagte: Lasst die Kinder zu mir
  kommen; hindert sie nicht daran! Denn Menschen wie ihnen gehört
  das Reich Gottes. *(Lk 18,15f)*

Gebete

Wieder Kind sein: Nicht mehr möchten wir sein, Gott, als du uns gedacht, und nicht weniger, als du uns geträumt hast. Kind sein: Nicht nach Ansehen, Geltung und Macht wollen wir suchen, sondern nach Offenheit und Ehrlichkeit. Kind sein: Nicht niedergebeugt wollen wir sein, unserer Größe, aber auch unserer Schwächen bewusst.

Für ein kommendes Kind

Leben spendender Gott, du hast durch unsere Liebe neues Leben geweckt. Wir zählen die Wochen und Tage, spüren das Wachsen, warten auf Bewegung, erfahren das Neue wie ein großes Geschenk.
Wir möchten gute Eltern werden, unsere Aufgaben als Vater und Mutter erfüllen. Denn durch uns soll unser Kind lernen, was es bedeutet, wenn wir sagen, Gott ist unser Vater. Durch uns soll es spüren, was es bedeutet, wenn wir sagen, bei Gott sind wir daheim. Öffne uns für dieses Kind, dass es in unserem Herzen zärtlich aufgehoben sei. Wir wollen es annehmen und zugleich loslassen für sein Wachsen, Reifen, sein eigenes Menschsein. Unsere Liebe gilt diesem neuen Leben, doch lass nicht zu, dass wir uns nur über dieses Kind lieben.

Wir danken dir, Gott: Du zeigst dich uns im Gesicht eines Kindes. In ihm spiegelt sich die Hoffnung, dass die Menschheit nicht verloren ist, solange sie den Mut aufbringt, Kindern das Leben zu schenken. Das hilft auch uns, nach dem Reich Gottes unter uns wie ein Kind zu suchen, arglos und vorurteilsfrei, so wie es uns Jesus Christus angesagt hat.

Gedanken

- Jedes Kind, das in unsere Welt geboren wird, bringt von Gott die Hoffnung mit, dass er an der Menschheit nicht verzweifelt. *(Tagore)*

- Kinder der Auferstehung hat uns Christus genannt, Kinder, die Heimweh haben, das sind wir, wenn es recht mit uns steht. *(Dietrich Bonhoeffer)*

- Kinder sind die feinsten Spielvögel. Die reden und tun alles einfältig von Herzen und natürlich. Wie feine Gedanken haben doch die Kinder, sie sehen Leben und Tod, Himmel und Erde ohne allen Zweifel an. *(Martin Luther)*

- Lasst die Kinder lachen, viel lachen, sonst werden sie böse im Alter. Kinder, die lachen können, kämpfen auf der Seite der Engel.

Geschichten

Ohne Kinder kein Leben

Ein junger Ingenieur musste in der Militärakademie eine Brücke zeichnen. Er legte einen Entwurf vor. Auf seiner Brücke, die in drei Bogen einen Fluss überspannte, waren zwei Kinder zu sehen, die vom obersten Bogen in das Wasser schauten. Der ausbildende Offizier forderte: »Lassen Sie die Kinder weg, diese Brücke ist ein militärisches Objekt.« Der Ingenieur nahm die Kinder von der Brücke weg und ließ sie am Rand an einer Böschung im Sand spielen. Der Ausbilder wurde wütend und befahl: »Weg mit den Kindern! Die passen nicht hierher. Schließlich handelt es sich um Vorbereitungen für den Krieg.« Da zeichnete der Ingenieur eine Panzerbrücke, die bogenlos den Fluss überspannte. Die Kinder lagen unter zwei Grabsteinen am Ufer des Flusses. *(James Whistler, 1851, Militärakademie Westpoint)*

Muttersorgen

Sie gehörte zu jenen Müttern, die ihre Sorgen um ihre Kinder mit der Verantwortung für deren Tun und Lassen verwechselte. So litt sie schwer unter den Entscheidungen ihrer Söhne und Töchter. Mehr und mehr wurde sie von dieser Last niedergedrückt. Die Kinder aber zogen sich von ihrer Mutter zurück, weil sie sich ständig in ihre Angelegenheiten einmischte. Darüber wurde sie traurig und depressiv; nannte ihre Kinder undankbar und herzlos, bis ein Priester ihr eindringlich sagte: »Wir alle müssen erst einmal durch ein Stück raues und wildes Meer rudern. Das kann uns niemand abnehmen. Haben wir es geschafft, dann kehren wir gerne in den elterlichen Hafen zurück.«

Hundekauf

Ein Junge kam in eine Zoohandlung und wollte sich einen kleinen Hund kaufen. Zwölf Euro hatte er sich dafür abgespart. »Ob das wohl reicht?«, fragte er den Verkäufer.

Der meinte, »so zwischen 50 und 80 Euro kosten diese Welpen hier. Aber da ist ein junger Hund, der hat einen Geburtsschaden, er wird nie richtig laufen können. Wenn du ihn magst, dann schenke ich ihn dir.«

Der Junge antwortete: »Ich werde ihn kaufen. Hier sind die zwölf Euro.«

– »Nein, nein!«, wehrte der Händler ab. »Ich schenke ihn dir. Er wird nie mit dir rennen und toben können wie andere Hunde.«

Doch der Junge bestand darauf, den behinderten Welpen zu kaufen. Er zog seine Hose hoch und zeigte die Metallschiene, die sein kraftloses Bein stützte: »Der Hund kann gut jemand gebrauchen, der ihn versteht.«

(Nach Dan Clark)

Segensworte

Wir werden gesegnet von Gott, dem Vater, der uns erschaffen hat,
von seinem Sohn, der unser Leben geteilt hat,
vom guten Geist Gottes, der uns zu Kindern Gottes gemacht hat.

Wir wünschen uns,
dass jedes Kind auf der Erde
einen Grund zum Lachen hat.
Wir wünschen uns,
dass jeder Mensch auf der Erde Freunde hat.
Wir wünschen uns,
dass jedes Volk auf der Erde Friede hat.
Erst dann ist unsere Welt
wirklich voll des Segens.

Einsatzmöglichkeiten

Segensfeier zur Geburt ● Taufe ● Gottesdienst mit Eltern in der Kindertagesstätte.

Für das Leben lernen

Schule des Lebens

Gott, nicht für die Schule lernen wir, hat man uns gesagt,
nicht für die Theorie, sondern für das Leben.
Doch manchmal, so scheint es,
kommt unser Leben wenig vor in dem, was wir lernen müssen.
Manche Fragen bleiben unbeantwortet, manche Sorgen ungelöst.

Wir möchten nicht am Leben vorbei gehen
und bringen uns damit außer Atem.
Wir möchten mehr vom Leben haben
und wissen oft nicht, wovon wir mehr haben wollen.
Wir beginnen einen neuen Lebensabschnitt,
Gott, denn in jedem Ende steckt bereits ein neuer Anfang.

Wenn wir zurückblicken, Gott,
dann nimm an, was zu unserer Lebensgeschichte gehört,
was durch uns geschehen ist, Gutes oder Böses.

Das eine verwandle in Segen, in neues Leben.
Das andere nimm in deine Barmherzigkeit
und lass es vergessen sein.

Gib uns die Einsicht, unsere Vergangenheit zu bewältigen
und gutzumachen, was gutzumachen ist.

Wenn wir vorwärtsschauen, Gott,
dann gib uns Zukunft.
Zeige uns deine Möglichkeiten mit uns,
gib uns Chancen zum wahren Leben.
Leite und führe uns zu unserem Glück,
und lass nicht zu, dass wir unser Lebensglück
auf dem Unglück anderer aufbauen.

Keiner, der sich in deine Hände gibt, wird verloren gehen.
Das ist es vor allem, was für unser Leben wichtig ist.
Lass uns das erfahren, heute und morgen, guter Gott.
Aus diesem Glauben und in dieser Zuversicht
wollen wir in die Schule des Lebens gehen.

Schriftwort

- Verwirf die Rede der Weisen nicht, wirf dich vielmehr auf ihre Sinn-sprüche! Denn dadurch wirst du Bildung lernen, um vor Fürsten stehen zu können. Verachte nicht die Überlieferung der Alten, die sie übernommen haben von ihren Vätern. Dann wirst du Einsicht lernen, um antworten zu können, sobald es notwendig ist. *(Sir 8,8f)*

Gebete

Selbst dein Schweigen spricht mich an und noch dein Dunkel macht mein Herz hell und klar. Deswegen wage ich zu bitten: Schenke mir deinen Blick, der mein Leben überschaut, gib mir Einsicht durch die Übersicht, die ich gewinne. Bleibe bei allem, was ich suche und finde, die Frage meines Lebens.

Guter Gott, an dich glauben heißt, an den Sinn des Lebens zu glauben, an das Gute im Menschen, an ein Leben nach diesem Leben. Wir bitten dich, lass uns in den Ängsten und Dunkelheiten unserer Welt Licht sein, Hoffnung verbreiten und Zuversicht leben durch Jesus Christus, unseren Bruder und Freund.

Gedanken

- Jeder Mensch ist einzigartig. Keiner wurde ohne Sinn geschaffen und wir sollen von jedem etwas lernen.

- Nach einem Schiffbruch ist es zu spät, schwimmen zu lernen.

- Eines Tages werden wir Gott gegenüberstehen. Wir werden uns fragen, was haben wir aus dem Leben gemacht, das er uns anvertraut hat?

Eines Tages werden wir Gott unsere leeren Taschen zeigen, unsere nutzlosen Unternehmungen. Und sagen: Wir haben versucht, zu leben und zu lieben.

Eines Tages wird Gott uns in die Arme nehmen. Er wird uns sagen: Mein Kind, es ist gut so, ich habe auf dich gewartet.

⦿ Gott, gib mir Heiterkeit und Gelassenheit, Dinge hinzunehmen, die ich nicht ändern kann, Mut und Fantasie, Dinge zu ändern, die sich ändern lassen, Weisheit und Weitsicht, das eine vom andern zu unterscheiden.

Geschichte

Leben gewinnen

Ein Schüler fragte seinen Religionslehrer: »Was bedeutet das Wort Jesu: ›Wer sein Leben verliert, wird es gewinnen?‹ – Ich stehe am Anfang meines Lebens und soll es schon loslassen?«
Der Lehrer erzählte: »Das kleine Küken in der Eierschale sieht zunächst sein Leben in der Sicherheit geborgen. Es ist rundum zufrieden und vor der ganzen Welt geschützt. Doch seine Entwicklung geht weiter. Auf einmal wird die Schale zum bedrückenden, hinderlichen Gefängnis. Jetzt kommt es darauf an, ob das Küken sein bisheriges Leben loslässt und die harte Eierschale knackt oder ob es in der Enge zu Grunde gehen will.«
Der Religionslehrer schloss seine kleine Geschichte: »So ergeht es einem Menschen, der im engen Panzer seines Ich eingeschlossen bleibt. Das bedeutet das Wort Jesu: ›Wer sein Leben retten will, wird es verlieren; wer es um meinetwegen verliert, der wird es gewinnen.‹«

Segensworte

Gott segne dich mit Zeit, damit du warten kannst,
bis er dir die Türen öffnet.
Gott segne dich mit Zeit, damit du hören kannst,
was er dir sagen will.

Gott segne dich mit Zeit, damit du schauen kannst,
was er dir zeigen wird.
Gott segne dich mit Zeit, damit du spüren kannst,
wie er dir nahe ist.
Mögen Gott und das Leben dir eine Chance geben,
wenn du sie aus Leichtsinn vertan.
Mögen Gott und das Leben dir eine zweite Chance geben,
wenn du sie aus Bosheit verloren.
Mögen Gott und das Leben dir eine dritte Chance geben,
wenn du sie durch Missbrauch zerstörst.
Mögen Gott und seine Liebe nicht deine Fehler zählen,
sondern deine Chancen vermehren.

Der gute Gott segne uns,
damit wir uns freuen können
über unsere eigenen Gaben und Möglichkeiten,
damit wir uns freuen können über das,
was andere vermögen,
damit wir großzügig sein können,
wo andere kleinlich sind,
damit wir klein und bescheiden sein können,
wo sich andere großmachen müssen.

Einsatzmöglichkeiten
Breit einsetzbar: ● Werktagsgottesdienst ● Thema Alltag, tägliches Leben.

Gott ist im Spiel

Spielend
Der Herr ist mein Schiedsrichter.
Er fällt kein falsches Urteil über mich.
Er kennt mich besser als ich mich selbst.

Seine Entscheidungen sind richtig.
Er durchschaut mich und weiß, wie ich es wirklich meine.

Wenn ein Sieg mich überschäumen lässt,
zeigt er mir das rechte Maß.
Wenn ich niedergeschlagen bin und enttäuscht, richtet er mich auf.
In der Hitze des Kampfes kühlt er mich ab,
bei einer Niederlage bleibt er an meiner Seite.

Vor dem Wettbewerb ist er meine Gelassenheit,
nach dem Spiel meine Ruhe.
Es fehlt mir letztlich an nichts,
weil ich ihm vertrauen kann.
Mein Leben ist in seiner Hand,
was immer auch geschieht.

Der Herr ist mein Trainer,
er traut mir vieles zu.
Er macht mir Mut,
ich werde nicht versagen.
Er ist meine Energie,
ich brauche nicht nach falschen Mitteln zu greifen.

Der Herr ist weit mehr
als ein guter Engel an meiner Seite.
Er gibt mich nicht auf,
wenn alle mich verlassen.
Er ist mein Halt und mein Stand,
wenn alle Sicherheiten wegbrechen.
Seine Zuwendung spüre ich,
seine Nähe ist mir dann noch gewiss,
wenn ich fern bin von ihm.

Schriftworte

- Lasst uns mit Ausdauer in dem Wettkampf laufen, der uns aufgetragen ist, und dabei auf Jesus blicken. Er ist der Urheber und Vollender des Glaubens. Er hat angesichts der vor ihm liegenden Freude das Kreuz auf sich genommen. *(Hebr 12,1)*

- Wiederum habe ich unter der Sonne beobachtet: Nicht den Schnellen gehört im Wettlauf der Sieg, nicht den Tapferen der Sieg im Kampf, auch nicht den Gebildeten die Nahrung, auch nicht den Klugen der Reichtum, auch nicht den Könnern der Beifall, sondern jeden können treffen Zufall und Zeit. *(Koh 9,11)*

- Wer an einem Wettkampf teilnimmt, erhält den Siegeskranz nur, wenn er nach den Regeln kämpft. *(2 Tim 2,5)*

Sportlergebet

Für jeden Finger an der Hand
hast du uns, Gott, eine Lebensregel gegeben.
Gebote, die uns Sinn und Ziel schenken.
Lehre mich, die Regeln des Sports zu achten,
Fairness und Achtsamkeit insbesondere.
Dann kann ich Angeberei von Erfolg unterscheiden,
Einsatz und Leistung von Show und kurzem Ruhm.
Zeige mir, dass das Ertragen einer Niederlage Größe beweist
und die richtige Freude am Sieg eine Kunst ist,
die es zu erlernen gilt.

Die zwölf Sportarten

1. Der gesündeste Sport ist das rechtzeitige Beenden der Mahlzeiten. *(Mt 6,31)*
2. Der schwierigste Sport ist ohne Zweifel, über den eigenen Schatten zu springen. *(Jona 4,5)*
3. Den Rücken stärkenden Sport übt der aus, der sich nach Gott ausstreckt. *(1 Tim 2,8)*
4. Befreiung und Gelassenheit schenkt jener Sport, der alle Sorgen auf den Herrn wirft. *(1 Petr 5,7)*
5. Die sozialste Sportart wird ausgeübt, wenn einer des anderen Last trägt. *(Gal 6,2)*

6. Wer sich über sein Ziel nicht im Klaren ist, betreibt einen Sport, der nichts bringt. *(1 Kor 10,21)*
7. Der schönste Sport ist, mit Gott über Hindernisse und Mauern zu springen. *(Ps 18,30)*
8. Der fröhlichste Sport singt gemeinsam Gott ein neues Lied. *(Ps 96,1)*
9. Den guten Kampf des Glaubens zu kämpfen ist der fairste Sport. *(1 Tim 6,12)*
10. Der sicherste Sport ist es, den Weg der göttlichen Gebote zu laufen. *(Ps 119,32)*
11. Die achtsamste Sportart ist es, seine Knie vor dem Vater im Himmel zu beugen. *(Eph 3,14)*.
12. Das Ringen, den schmalen Weg zu laufen und durch die enge Pforte in das Leben einzugehen, ist der alles entscheidende Sport. *(Lk 13,24)*

Wer diese Sportarten redlich betreibt, kann am Ende sagen: »Ich habe den guten Kampf gekämpft, ich habe den Lauf vollendet«. *(2 Tim 4,7f)*

Geschichten

Überwindung der Angst
Im Fernsehen wurde ein Extremsportler vorgestellt, der ohne ein Atemgerät mehrere Achttausender hintereinander bezwungen hatte. Als die Schüler vor ihrem spirituellen Meister die Leistung des Bergsteigers bewunderten, meinte der: »Wer seine innere Angst vor der Endlichkeit des Lebens nicht überwinden kann, muss Wüsten, Meere oder Berge bezwingen. Doch er wird seiner Angst nicht entrinnen.«

Der Glückstreffer
»Ein Rabbiner ist in England in ein schönes Hotel gekommen. Am Sabbatmorgen schaut er aus dem Fenster und sieht einen wunderbaren Golfplatz. Die Sonne scheint. Jetzt ein Golfspiel, das wäre es. Aber es ist Sabbat. Aber es ist doch noch so früh. Da sieht mich niemand. Also geht der Rabbi Golf spielen.

Petrus hat es gesehen und meldet es sofort Gott. Beide schauen auf den Golfplatz und sehen, wie der Rabbi am ersten Loch abschlägt. Da passiert es: Ein Glückstreffer! Petrus schreit enttäuscht: »Warum hast du das gemacht, Gott? Wir sollten ihn doch bestrafen!« Darauf der liebe Gott: »Wem soll er sein Glück erzählen!« *(Nach einer rabbinischen Geschichte)*

Gedanken

- Ein Abseits macht im Fußball das schönste Tor zunichte. Es genügen Zentimeter, um einen erfolgreichen Sportler ins Abseits zu stellen. Nicht selten wird ein Spiel dadurch entschieden; Niederlage trotz größtem Einsatz. Besonders schlimm, wenn einer in die Abseitsfalle gelaufen ist.

- Es sind die Mitspieler, die, bewusst oder nicht, daran mitwirken, dass ein Vorwärtsstürmer ins Abseits gerät. Es sind die anderen, die einsam machen. Alleinsein ist etwas ganz anderes als Einsamsein. Einsam ist man nur unter anderen, die einen ins Abseits drängen.

- Im Spiel zeigt ein Mensch, wie er wirklich ist.

- Was für die Seele die Musik ist und das Lachen, ist für den Körper das Spiel und der Sport.

- Das Spiel der Liebe lässt immer den anderen gewinnen.

Segensworte

Gottes guter Segen
gebe dir Schwung, wenn dich der Mut verlässt.
Neue Kraft, wenn dein Atem kurz wird.
Klare Antwort, wenn dich Zweifel plagen.
Guten Mut, wenn dich die Sorgen ängstigen.
Einen Sieg, der dich über alle Niederlagen erhebt.

Auf dein Wort hin
sind Menschen aus sich herausgegangen,
haben sie Neues gewagt und Unmögliches geglaubt.
Auf dein Wort hin

haben Menschen Wunder vollbracht,

ihre Sicherheiten aufgegeben und Unmögliches möglich gemacht.

Auf dein Wort hin

segne uns.

Einsatzmöglichkeiten

Gottesdienst zum Beginn oder am Ende eines Turniers/Wettbewerbs ● Gottesdienst im Zeitraum einer großen Meisterschaft oder eines Turniers ● Segnung eines Sportgeländes oder einer Sportschule.

Die Einsicht der Wüste

Sich finden

Wer zu den Einsamen gehen will, wer die Suchenden finden will,

muss in die Wüste gehen.

Wer in die Wüste geht, wer die Einsamkeit zulässt,

findet sich selbst.

Wir müssen uns dort suchen, wo wir wirklich sind.

Wir müssen suchen, wo die Tage dunkel, die Menschen hart

und die Gesellschaft unmenschlich geworden sind.

Macht es euch nicht zu einfach und zuckt mit den Schultern.

Sagt nicht: Da kann man nichts machen.

Geht nicht mit jenen, denen alles gleichgültig ist.

Macht es euch nicht zu einfach und überlasst alles »denen da oben«.

Sagt nicht: Dafür bin ich zu klein und zu schwach.

Überlasst euch nicht unkritisch der öffentlichen Meinung.

Richtet euch aus auf das, was wesentlich ist.

Hört auf eure Stimme. Geht in eure Wüste, eure Einsamkeit.

Dann lasst euch raten durch das Wort Jesu:

»Ich sende euch wie Schafe unter die Wölfe.«

»Wer die Hand an den Pflug legt und sich umsieht,
ist meiner nicht wert.«
»Wer mit mir gehen will,
nehme sein Kreuz auf sich und folge mir nach.«

Dann wird uns versprochen: Der Glaube kann Berge versetzen.
Ihr habt die Kraft, Gebeugte aufzurichten, Gefallene aufzuheben,
Ratlosen einen Weg zu zeigen.
Ihr seid gesegnet, damit ihr zum Segen werdet:
Bringt den Menschen, denen ihr begegnet, Heilung und Heil.

Wagt den gewaltfreien Widerstand gegen alles,
was eurer Erfahrung entgegensteht.
Setzt der Spirale der Gewalt eure Freiheit entgegen.
Steckt ein, ohne austeilen zu müssen.

Habt einfach den langen Atem,
denn ihr seid durch die Wüste gegangen.
Ihr habt immer noch einen Schluck Wasser,
den ihr aus der Tiefe geschöpft habt.

Schriftworte

- Wenn aber der Geist aus der Höhe über uns ausgegossen wird, dann wird die Wüste zum Garten, und der Garten wird zu einem Wald. In der Wüste wohnt das Recht, die Gerechtigkeit weilt in den Gärten. Das Werk der Gerechtigkeit wird der Friede sein, der Ertrag der Gerechtigkeit sind Ruhe und Sicherheit für immer. *(Jes 32,15ff)*

- Als sie gegangen waren, begann Jesus zu der Menge über Johannes zu reden; er sagte: Was habt ihr denn sehen wollen, als ihr in die Wüste hinausgegangen seid? Ein Schilfrohr, das im Wind schwankt? Oder was habt ihr sehen wollen, als ihr hinausgegangen seid? Einen Mann in feiner Kleidung? Leute, die fein gekleidet sind, findet man in den Palästen der Könige. Oder wozu seid ihr hinausgegangen? Um einen Propheten zu sehen? Ja, ich sage euch: Ihr habt sogar mehr gesehen als einen Propheten. *(Mt 11,7ff)*

Gebete

Gott, du rufst mich in die Wüste,
wenn ich auf diesen Straßen nicht mehr weiterweiß.
Du bringst mich an einen ruhigen Ort,
wo sich meine wirren Gedanken sammeln und wegfliegen können.
Du zeigst mir die Oase mit lebendigem Wasser,
genug für heute und den folgenden Tag.
Ausruhen und aufatmen darf ich unter den Fächern der Palmen.
Leise flüstern sie mir zu: Hier bist du geborgen
wie unter den Flügeln der Engel Gottes.
Gott meines Lebens,
ich danke dir für diese Momente der Wüste mitten im Tag.

Die Spuren im Sand verraten mir:
Ich bin nicht allein,
so einsam und verlassen ich mich in diesem Augenblick auch fühle.
Ich weiß um den Wert dieser einsamen Stunden,
die du mir auferlegst,
wenn ich selber nicht mehr die Kraft habe,
aus dem Alltäglichen auszusteigen.
Doch ich bitte dich:
Lass mich nicht in eine Traurigkeit verfallen,
die mir den Rest der Kraft raubt.
Fülle mich an mit deiner Stille, mit deiner Nähe,
mit deiner Energie,
dann kann ich mit neuer Zuversicht meine Aufgaben
in die Hand nehmen und mich um die Menschen sorgen,
die auf mich warten.

Gedanken

- Wo immer nur die Sonne scheint, ist Wüste.

- In der Wüste findest du nichts, nur dich selbst. Doch wer sich selbst gefunden hat, bringt die Wüste zum Blühen.

- Das Evangelium ist für mich wie eine Oase in der Wüste.

- Baue aus deinen Träumen ein Zelt in der Wüste, ehe du ein Haus baust im Herzen der Stadt.

Geschichten

Klostergründung
Der Manager hatte sich in allen spirituellen Übungen versucht, aber seine innere Unruhe war geblieben. Schließlich vertraute er sich einem Mann an, der in einem kleinen Hospiz auf einer Passhöhe vorbeiziehende Pilger und Wanderer versorgte. »Ich habe eine Zeit lang in einem buddhistischen Kloster gelebt. Ich habe mit einem Guru geübt. Ich habe die Großen Exerzitien hinter mich gebracht. Dann bin ich wochenlang durch die Wüste gewandert. Alles ohne Erfolg. Ich bin so unruhig wie zuvor.« Es folgte ein langes Schweigen, bevor der Erfahrene den Rat gab: »Der moderne Mensch muss sein Kloster in sich selbst bauen.«

Die Glocke
Der Vorsteher bat einen Bruder, der erst vor einigen Tagen in das Kloster eingetreten war, die Glocke zu läuten, um die Gebetszeit anzuzeigen.
Der junge Bruder ergriff das Seil und zog heftig daran. Die Glocke gab einige scheppernde Töne von sich. Er zog stärker und stärker, aber er konnte kein richtiges Geläute zustande bringen. Der Vorsteher sah ihm wortlos zu, bis jener mit einem enttäuschten Schulterzucken das Seil losließ. In diesem Augenblick ertönte ein harmonisches Geläute. Der Vorsteher des Klosters nahm den Bruder in den Arm und tröstete ihn: »Du hast schon die erste wichtige Regel für ein spirituelles Leben gelernt: Ziehen und loslassen. Anspannen und Ausspannen. Zärtlichkeit und Kraft.«

Die blühende Wüste
Das Kloster inmitten der Wüste zog viele Menschen an. Sie kamen in Scharen, um die blühenden Gärten zu bestaunen, die der Fleiß der Mönche dem kargen Boden abgerungen hatte. Manchmal führte der Abt

persönlich die Gäste durch den Gemüsegarten und die weitläufigen Blumenanlagen. Einmal sagte er zu den begeisterten Besuchern warnend: »Der Mensch kann alles zum Blühen bringen. Sogar Wüsten. Aber er schafft es leider sehr selten, die Wüste in seinem Kopf zu bezwingen.«

Segensworte

Manchmal träumen wir davon,
dass wir nicht immer nur wachsen, blühen, reifen müssen,
sondern Zeit haben, um Kraft für neue Triebe zu sammeln.
Diese Zeit schenke uns allen der gütige Gott.

Gott segne uns,
jeden Schritt, den wir machen,
jeden Gedanken, der uns durch den Kopf schießt,
jede Hand, die sich nach uns ausstreckt,
jedes Lachen, das uns über die Lippen kommt,
jedes Wort, das in unserem Herzen entsteht,
jedes Stück Boden, auf das unsere Füße treten.

Jetzt geh deinen Weg, geh deinen Weg nach innen.
Halte den Atem an, hemme deine Schritte, bewahre dir Zeit.
Jetzt geh deinen Weg, geh deinen Weg nach innen.
Richte deine Gedanken auf das, was sich lohnt.
Wachse in der Geduld. Reife in der Gelassenheit.
Jetzt geh deinen Weg, geh deinen Weg nach innen.

Einsatzmöglichkeiten

Besinnungs- oder Einkehrtage ● Adventszeit ● Umkehr-/Versöhnungsfeier ● Thema: Wüste – Wüstenerfahrungen.

Zu seinem Schatten stehen

Licht und Schatten

Gott, wozu hast du uns geschaffen?
Für das Licht, das alles durchdringt und alles offenlegt?
Oder hast du uns für das Dunkel der Nacht gemacht,
das sich wie eine schützende Decke über uns breitet?

Wir sehnen uns nach dem Licht,
nach Wahrheit und Gerechtigkeit.
Wir retten uns in die Finsternis,
damit nicht alles offenbar werde, was uns bewegt.
Doch das Dunkel und die Schatten gehören so zu uns
wie das Licht und die Helligkeit.
Aus Tag und Nacht sind wir gemacht.

Zwischenwesen sind wir,
Menschen zwischen Tag und Traum,
eingespannt zwischen der Dämmerung am Morgen
und dem Aufziehen der Nacht.

Zwischenwesen sind wir,
Menschen zwischen Hoffnung und Enttäuschung,
zwischen Schmerzen und Glück.
Aus Licht und Schatten sind wir gemacht,
aus Helle und Dunkelheit,
aus Gutem wie Bösem, aus Leichtem und Schwerem.

Das eine kann ohne das andere nicht sein.
Ohne unseren Schatten wären wir ein Nichts,
und ohne das Licht könnten wir das große Ziel nicht erkennen.

Aber lass nicht zu, dass das Grau-in-Grau
zu einem Normalzustand wird,
der Alltag zum Alltäglichen,
das Gewohnte zum Gewöhnlichen.

Uns nach dem Hellen auszustrecken,
der Sonne der Gerechtigkeit,
unsere Schwächen zu erkennen, bestärke uns.
Den Schatten annehmen, uns selber,
so wie wir sind, lehre uns.

Das Böse und Schwere zu verwandeln, hilf uns.
Zu unseren Fehlern zu stehen und doch das Gute zu lieben,
das in uns angelegt ist, setze in uns durch.
Deine Söhne und Töchter sind wir,
Kinder des Lichts und der Dunkelheit.

Lass uns nicht aufgeben,
wenn die Nacht und Dunkelheiten über unsere Seele fallen.

Lass uns nicht verzweifeln,
wenn uns die Last des Tages niederzudrücken droht.
Denn du bist der Tag, der Tag aller Tage.
Du bist die Nacht, die Nacht aller Nächte.
Dir seien unsere Tage und Nächte geschenkt.
Unsere Helle und unsere Dunkelheiten alle.

Schriftworte

- Ich bin gekrümmt und tief gebeugt, den ganzen Tag geh ich traurig einher. Kraftlos bin ich und ganz zerschlagen, ich schreie in der Qual meines Herzens. All mein Sehnen, Herr, liegt offen vor dir, mein Seufzen ist dir nicht verborgen. Mein Herz pocht heftig, mich hat die Kraft verlassen, geschwunden ist mir das Licht der Augen. *(Ps 38,7.9f)*

- Das Herz des Menschen verändert sein Gesicht und macht es heiter oder traurig. Zeichen des glücklichen Herzens ist ein frohes Gesicht; Sorgen und Kummer sind quälendes Grübeln. Wohl dem Menschen, dem sein eigener Mund keine Vorwürfe macht, der nicht klagen muss vor Kummer über seine Sünden. Wohl dem Menschen, der sich

nicht selbst tadeln muss und dessen Hoffnung nicht aufhört.
(Sir 13,25ff)

Gebete

Gott, höre doch: Manchmal ist meine Angst so groß, dass ich schreien
könnte. Manchmal ist sie so groß dass ich verstumme.
Gott, verstehe doch: Manchmal fühle ich nichts, dann wieder über-
schwemmt mich der Schmerz, dass ich kaum zu atmen wage.
Gott, sieh doch: Manchmal greift die Finsternis nach mir, dann wird
mein Herz traurig und dunkel. Auf einmal höre und verstehe ich dich,
wie du zu mir sagst: Gib nicht auf

Meine Schatten möchte ich sehen lernen, Gott, in dem Licht und Dunkel
eins sind, und mich besser verstehen. Ich möchte meine Schattenseiten
lieben lernen, um sie in die rechten Bahnen zu lenken. Erst dann kann
ich offen und frei auf andere Menschen zugehen, muss sie nicht zu Sün-
denböcken, gar zu Opfern machen. Dazu, so bitte ich, schenke mir die
Einsicht.

Gott, mich tröstet dein Wort, dass die Sonne aufgeht über Gerechte und
Sünder. Dann scheint sie auch für mich und ermutigt mich, als Gerechter
zu meinen Schwächen zu stehen, als fehlerhafter Mensch mich nach der
größeren Gerechtigkeit Jesu auszustrecken, die voller Wohlwollen und
Achtsamkeit ist.

Gedanken

- Es ist nicht leicht, die Schattenseiten des Lebens anzunehmen und
  damit seinen eigenen Schatten zu lieben; das Negative, das auch
  zum Leben gehört. Aber es ist der erste wichtige Schritt.

- Wer ständig traurig ist, zeigt damit seine unerfüllten Wünsche, wie
  die Depression ein Signal ist für unerfüllte Erwartungen.

- Wer nicht über seinen Schatten springen will, der wird hinter seinem
  Schatten leben und unter seinen Schatten leiden.

Geschichten

Schatten des Esels

Als die Athener einmal in einer Volksversammlung den Redner Demosthenes am Sprechen hinderten, sagte er, er wolle ihnen eine kurze Geschichte erzählen. »Ein junger Mann mietete sich zur Sommerzeit einen Esel. Als es Mittag war und die Sonne unbarmherzig brannte, wollten sich der Eseltreiber wie der junge Mann in dessen Schatten setzen. Sie suchten sich nun gegenseitig daran zu hindern. Der eine sagte, er habe zwar den Esel, nicht aber dessen Schatten vermietet, der andere erwiderte, er habe den Esel mitsamt seinem Schatten gemietet.« Nach diesen Worten schickte sich Demosthenes an fortzugehen. Als ihn nun die Athener zurückhielten und ihn baten, ihnen doch die Geschichte zu Ende zu führen, rief er: »Wie? Wenn es um eines Esels Schatten geht, wollt ihr zuhören, wenn einer aber über ernsthafte Dinge spricht, wollt ihr ihn nicht hören?«

Fünf Fenster

»Wir sind einander fremd geworden, als hätten wir uns nie geliebt«, klagte das Ehepaar, das bei einer Beraterin einen Kurs belegen wollte. »Zeichnet zusammen ein Haus mit fünf Fenstern«, sagte die kluge Frau. Schon bald begutachteten sie zu dritt die Zeichnung. Das Paar hatte den Auftrag wörtlich genommen. Das Haus hatte zwar fünf Fenster, aber keine Türe. »Die fünf Fenster bedeuten die fünf Sinne«, erklärte die Beraterin, »die für euer Zusammenleben so wichtig sind. Aber ohne Eingang und ohne Ausgang sind sie wertlos. Was euch abhandengekommen ist, ist das Herausgehen, das Weggehen, um wieder hineingehen, um wieder heimkommen zu können: Genießen und Loslassen, Weggehen und sich umarmen, sich am Licht erfreuen und die Schattenseiten annehmen, das sind die Übungen, die eure Partnerschaft retten.« Mann und Frau sahen sich lange an. Dann gingen sie Hand in Hand ihren Weg.

Segensworte

Ein Segen über diesen Tag:
Tun, was zu tun ist.
Lassen, was gelassen werden muss.
Wenn nicht heute – wann dann?
Wenn nicht jetzt – dann nie.

Die Mitte der Nacht
ist schon der Anfang eines neuen Tages.
Lass das Dunkle hinter dir,
vergiss die Nacht,
freue dich auf den Segen des Lichts.
Freue dich auf deinen Tag.

Nicht trauern,
dass wir so oft anfangen müssen.
Nicht aufgeben,
weil wir so oft scheitern.
Sich freuen,
dass wir anfangen dürfen,
jeden Tag neu.

Einsatzmöglichkeiten

Fasten- oder Adventszeit ● Einkehrtage ● Umkehr- / Versöhnungs- /
Bußgottesdienst ● Krankenbesuch ● bei Menschen mit Depressionen.

Noch ist Zeit

Zeit zum Handeln

Ein Körnchen Hoffnung schenkt Zuversicht in Angst und Verzweiflung.
Ein einziges Lächeln, und ein Licht geht auf gegen alle Bitterkeit.
Ein tröstendes Wort, und ein Arm legt sich über die Traurigkeit.
Eine helfende Hand wie ein Friedenszeichen gegen die geballten Fäuste.

Ein Funke genügt, um ein Licht zu entzünden gegen das dunkelste Dunkel.

Noch ist Zeit zu hoffen – gegen alle Verzweiflung.
Noch ist Zeit zu lächeln – gegen alle Verbitterung.
Noch ist Zeit zu trösten – gegen alle Traurigkeit.
Noch ist Zeit zu helfen – gegen alle geballten Fäuste.
Noch ist Zeit – um in dieser Welt zu leben.
Noch ist Zeit für die Zeit.

Bleibe bei uns, Gott, bis der Abend kommt.

Schriftworte

- Wie goldene Äpfel auf silbernen Schalen ist ein Wort, gesprochen zur rechten Zeit. Wie ein goldener Ring und Schmuck aus Feingold ist ein weiser Mahner für ein Ohr, das zuhört. *(Spr 25,11f)*

- Alles hat seine Stunde. Für jedes Geschehen unter dem Himmel gibt es eine bestimmte Zeit: eine Zeit zum Gebären und eine Zeit zum Sterben, eine Zeit zum Pflanzen und eine Zeit zum Abernten der Pflanzen, eine Zeit zum Töten und eine Zeit zum Heilen, eine Zeit zum Niederreißen und eine Zeit zum Bauen, eine Zeit zum Weinen und eine Zeit zum Lachen … *(Koh 3,1ff)*

- Gottes Macht behütet euch durch den Glauben, damit ihr das Heil erlangt, das am Ende der Zeit offenbart werden soll. Deshalb seid ihr voll Freude, obwohl ihr jetzt vielleicht kurze Zeit unter mancherlei Prüfungen leiden müsst. *(1 Petr 1,5f)*

Gebete

Alles hat seinen Preis, heißt es, und alles hat seine Zeit.
Gott unseres Lebens: Was wir auch tun, selbst was wir lassen,
wir müssen dafür bezahlen. Das Leben lässt nicht mit sich tricksen,
selbst auf Umwegen holt es uns ein. Es ist wie ein Gerichtsvollzieher,
der nichts unversucht lässt, die Schulden einzuziehen.
Es wird dir nichts geschenkt, heißt es, und das Leben ist kurz.

Die Rechnung kommt. Die Quittung auf dein Leben.
Doch auf einmal hören wir von einer ganz anderen Seite,
von der Seite Jesu, unseres Bruders,
ganz ungewohnte Worte: Es ist alles schon gerichtet.
Ich habe bereits bezahlt. Denn alles hat seinen Preis.

Gott,
wir haben mit dem Leben keinen unbefristeten Vertrag geschlossen,
du schenkst uns Zeit von jetzt auf nachher. Deshalb hilf uns, die Zeit
weder zu vertreiben noch totzuschlagen, sondern auszukosten vom
Morgen bis zum Abend, und selbst noch im Traum.

Gedanken

- Zeit haben wir genug. Wenn sie uns fehlt, dann nur, weil wir sie
  entweder totschlagen oder uns stehlen lassen.

- Warte nicht auf eine spätere Zeit, die dir gelegen erscheint. Denn du
  kannst nicht sicher sein, dass du sie haben wirst. Die Zeit entschwin-
  det dir unvermerkt. Mancher hat sich noch Hoffnung auf ein länge-
  res Leben gemacht, da kam der Tod. Darum versäumt, wer klug ist,
  keine Zeit und gibt die gegenwärtige Stunde, die ihm gehört, nicht
  unbenützt weg für eine andere, die doch nicht sein Eigen ist.
  (Katharina von Siena)

- Es ist an der Zeit, sich Zeit zu nehmen, um darüber nachzudenken,
  wofür es sich lohnt, sich Zeit zu nehmen.

Geschichten

Das letzte Blatt
Ihr müder Blick bleibt an dem Baum hängen, dessen Zweige und Äste sie
von ihrem Krankenzimmer aus an der Hauswand gegenüber sehen kann.
Es ist bereits spät im Jahr und die meisten Blätter sind gefallen. »Mit
dem letzten Blatt«, sagte sich die Todkranke, »mit dem Fall des letzten
Blattes werde ich sterben.«

Von Morgen zu Morgen beobachtete sie den Baum. Nur noch wenige Blätter tanzten an den Zweigen, bevor sie abstürzten. Die Kranke war so schwach geworden, dass sie kaum noch den Kopf heben konnte, um nach den Blättern zu sehen. Schließlich hing nur noch ein einziges Blatt am Baum. Das letzte. In dieser Nacht zog ein schwerer Sturm über die Stadt und riss alles mit sich.

Als es dämmerte, ahnte die Frau, dass ihr letzter Tag gekommen sei. Doch welch ein Wunder: Das eine Blatt hatte dem Sturm getrotzt. Da durchströmte die Todkranke eine Welle der Hoffnung. Neue Kraft wuchs ihr spürbar zu: Wenn es das Blatt geschafft hatte, dem schweren Sturm zu widerstehen, dann konnte sie auch ihre Krankheit bezwingen.

Aber erst als sie – auch zum Erstaunen der Ärzte – wieder gesund geworden war, erfuhr sie, dass in jener stürmischen Nacht ihr Mann ein Blatt an die Wand des Hauses gegenüber gemalt hatte: Das erste Blatt für ein neues, gemeinsames Leben. *(Frei nach einer Geschichte von O. Henry)*

Gebet und Gewissenserforschung

Ein Mensch, der seinen großen Reichtum nicht allein seiner Hände Arbeit zu verdanken hatte, kam zum Holzschnitzer, um sich eine Decke aus Zirbenholz schnitzen zu lassen. »Am liebsten wäre es mir«, sagte der Auftraggeber, »wenn du ein Gebet für den frühen Morgen und eine Gewissenserforschung für den Abend in die Holzdecke schnitzen könntest!« Als die Holzdecke nach einigen Wochen fertig war, konnte der Hausherr in einem Sechseck folgenden Spruch lesen:

Wo Glaube, da Hoffnung.

Wo Hoffnung, da Liebe.

Wo Liebe, da Friede.

Wo Friede, da Segen.

Wo Segen, da Gott.

Wo Gott, da keine Not.

(Gefunden Zirbenstube Hallerhof Brixen)

Segensworte

Hoffnungsworte schenke ich dir,
damit dein Glaube wächst
und Verbindung schafft zwischen Gott und den Menschen.

Liebesworte schenke ich dir,
damit deine Achtsamkeit wächst
und Offenheit entsteht für alles, was dir begegnet.

Vertrauensworte schenke ich dir,
damit deine Bereitschaft wächst
und die Gelassenheit reift, dich loszulassen.

Segensworte schenke ich dir,
damit deine Energie wächst,
allen ein Segen zu sein, die dich brauchen.

Herr, segne den ersten Tag meiner letzten Tage.
Segne die Stunden, die mir vergönnt sind.
Meine Hände sollen segnen, was sie anfassen.
Meine Ohren sollen segnen, was sie hören.
Meine Augen sollen segnen, was ihnen begegnet.
Mein ganzes Leben sei ein Segen.

Wie die Ringe der Jahre im Holz der Bäume,
wie die Schrift von Flechten und Moos auf den Steinen,
wie die Linien und Wege des Regens im Fels,
wie die Spuren des Windes im Sand,
wie die Adern der Blätter
und die Farben auf den Flügeln der Schmetterlinge,
wie die Kreise, mit denen das Wasser spielt,
ist dein Name eingeschrieben in Gottes Hand.

Einsatzmöglichkeiten

Besinnungs- und Einkehrtage zum Thema »Zeit« ● um Allerheiligen.

Gelassenes Alter

Es war gut

Gott, ich bitte dich, sieh mich an:
Achte auf mein Leben, achte auf meine Jahre.
Die Vergangenheit ist tot, darum segne meine Erinnerungen.

Lass mir die Menschen im Herzen und im Kopf,
mit denen ich das Leben geteilt habe:
Menschen, mit denen ich lachen und streiten konnte,
leben und lieben, feiern und weinen.
Menschen, die mit mir die Wege gegangen sind,
die mir wichtig waren.
Menschen, die mit mir alles geteilt haben, Liebes und Leides.
Menschen, die mich getragen und ertragen haben,
Menschen, die ich ertragen habe.

Sie alle schreibe, guter Gott, für immer in dein Herz.
Wenn mein Gedächtnis auch schwächer wird,
bei dir sollen die lieben Menschen aufgehoben sein.

Meine Dankbarkeit soll sie begleiten,
auch wenn ich ihnen das nicht mehr sagen kann.

Wenn meine Kräfte nachlassen und meine Schritte mühsamer werden,
wenn meine Selbstständigkeit abnimmt
und meine Eigenarten zunehmen,
wenn die Ängste wachsen und die Hoffnungen schwinden,
wenn so vieles schwieriger wird,
dann, Herr, schenke mir Trost und die Gabe der Geduld.

Lass mich gelassen sein und fröhlich
und dankbar jeden Tag beginnen und vollenden.
Vor allem aber bleibe mir nahe,
wenn einer nach dem anderen mich verlässt.

Und hilf mir, ganz am Ende meines Lebens dankbar zu sagen:
Danke. Es war alles gut, sehr gut sogar.

Schriftworte

- Denn ehrenvolles Alter besteht nicht in einem langen Leben und wird nicht an der Zahl der Jahre gemessen. Mehr als graues Haar bedeutet für die Menschen die Klugheit, und mehr als Greisenalter wiegt ein Leben ohne Tadel. *(Weish 4,8f)*

- Wie gut steht Hochbetagten rechtes Urteil an und den Alten, Rat zu wissen. Wie gut steht Hochbetagten Weisheit an, würdigen Männern Überlegung und Rat. Ein Ehrenkranz der Alten ist reiche Erfahrung, ihr Ruhm ist die Gottesfurcht. *(Sir 25,4ff)*

Gebete

Freud und Leid, die wir tragen, Gesundheit oder Krankheit sind dir nicht gleichgültig, guter Gott. Unser Leben und unser Glück liegen in deiner Hand. Wir danken dir, dass du uns vor allem in kritischen Zeiten nahe sein willst durch Menschen, die uns helfen, stützen und aufrichten. In deine Hände legen wir dir unser Leben, unsere Krankheit, unsere Schmerzen, unsere Ängste und unser Alter. Dir vertrauen wir unsere Zukunft an. Wir bitten dich, ziehe deine Hand nicht von uns zurück, sondern bleibe uns nahe.

Gott, ich erfülle die Aufgabe, die du mir anvertraut hast. Solange du willst, will ich unter deiner Leitung meinen Dienst erfüllen. Sicher, ein alter Mensch wünscht sich, von der Mühe befreit zu werden. Doch mein Mut ist stärker als mein Alter. Doch auch wenn du nicht auf mein fortgeschrittenes Alter schaust, so ist dein Wille, Herr, für mich das Beste. Du wirst selbst die bewahren, für die ich Sorge trage. *(Martin von Tours)*

Herr, du weißt, dass ich altere und bald alt sein werde.
Bewahre mich davor, schwatzhaft zu werden, und besonders vor der

fatalen Gewohnheit, bei jeder Gelegenheit und über jedes Thema mitreden zu wollen.

Befreie mich von der Einbildung, ich müsse anderer Leute Angelegenheiten in Ordnung bringen.

Bei meinem ungeheuren Schatz an Erfahrung und Weisheit ist's freilich ein Jammer, nicht jedermann daran teilnehmen zu lassen.

Aber du weißt, Herr, dass ich am Ende ein paar Freunde brauche.

Ich wage nicht, dich um die Fähigkeit zu bitten, die Klagen meiner Mitmenschen über ihre Leiden mit nie versagender Teilnahme anzuhören.

Hilf mir nur, sie mit Geduld zu ertragen, und versiegle meinen Mund, wenn es sich um meine eigenen Kümmernisse und Gebrechen handelt. Sie nehmen zu mit den Jahren, und meine Neigung, sie aufzuzählen, wächst mit ihnen.

Ich will dich auch nicht um ein besseres Gedächtnis bitten, nur um etwas mehr Demut und weniger Selbstsicherheit, wenn meine Erinnerung nicht mehr mit der der andern übereinstimmt. Schenke mir die wichtige Einsicht, dass ich mich gelegentlich irren kann.

Hilf mir, einigermaßen milde zu bleiben.

Ich habe nicht den Ehrgeiz, eine Heilige zu werden (mit manchen von ihnen ist so schwer auszukommen!), aber ein scharfes, altes Weib ist eines der Meisterwerke des Teufels.

Mach mich teilnehmend, aber nicht sentimental, hilfsbereit, aber nicht aufdringlich. Gewähre mir, dass ich Gutes finde, wo ich es nicht vermutet habe, und Talente bei Leuten, denen ich es nicht zugetraut hätte.

Und schenke mir, Herr, die Liebenswürdigkeit, es ihnen zu sagen.

(Gebet einer Äbtissin)

Gedanken

- Man braucht seine Jugendfehler nicht ins Alter mitzuschleppen, das Alter bringt seine eigenen Fehler, Schwächen und Mängel mit sich.

- Alte Freunde sind wie alter Wein, er wird immer besser, und je älter man wird, desto mehr lernt man dieses unendliche Gut zu schätzen.

Geschichten

Gewicht eines Wortes

Der Meister sah den Mann schon von Weitem kommen. Sein Gang war müde, schwer und schleppend. Noch bevor er ihn ansprechen konnte, jammerte er: »Das Alter liegt wie eine unerträgliche Last auf meinen Schultern.« Der weise Mann lächelte und versuchte, ihn aufzumuntern: »Nein, das Alter kann so leicht sein wie eine Schneeflocke!« Der andere widersprach heftig: »Das siehst du völlig falsch. Jeder Tag lädt mir eine neue Belastung auf. Ich kann bald nicht mehr. Was soll ich denn tun?« »Du bist es doch selbst, der sich die Lasten auflädt. Lass einfach los!« – »Aber ...«, meinte der andere verwirrt ... »Lass dieses ›aber‹«, sagte der Meister. »Jedes ›aber‹ wiegt mehr als ein Sack Zement.«

Gegen das Altern

Ein Mensch suchte ein wirksames Medikament gegen sein unausweichliches Altern. Er hatte schon viel Geld für allerlei Pillen, Säfte und Tees ausgegeben, die sich allesamt als nutzlos erwiesen. Doch er wollte nicht aufgeben: »Es muss ein wirksames Mittel gegen das Alter geben«, sagte er sich immer wieder. Dazu trainierte er seine Muskeln ebenso unermüdlich wie sein Gehirn. Er litt darunter, dass mit den Jahren dennoch seine Gedächtnisleistung wie seine Muskelkraft geringer wurde. Schließlich las er auf einem Kalenderblatt folgenden Satz: »Die besten Medikamente gegen das Alter sind Staunen und Erschrecken.« Da fiel es ihm wie Schuppen von den Augen, weil er die falschen Mittel auf falschen Wegen gesucht hatte. Er lernte wieder, zu staunen wie ein Kind und zu erschrecken wie ein reifer Mensch.

Die Last des Lebens

Eines Tages traf ein Junge auf einen alten Mann, der wie er von Dorf zu Dorf wanderte. Sie beschlossen, gemeinsam weiterzuziehen. Der Alte trug einen großen, zugedeckten Weidenkorb, der offenbar sehr schwer war, denn er lief tief gebeugt und stöhnte hin und wieder unter der Last. Als sie Rast an einem Bach machten, stellte der alte Mann seinen Korb erschöpft auf den Boden. Der Junge fragte: »Soll ich deinen Korb für dich tragen, wenigstens ein Stück weit?« – »Nein«, antwortete der Alte, »den Korb muss ich ganz allein tragen.« – »Was ist denn in dem Korb?«, fragte der Junge mehrmals, doch nie erhielt er eine Antwort. Es kam der Tag, an dem der alte Mann nicht mehr weitergehen konnte. Er legte sich nieder, um zu sterben. Und er sprach zu dem Jungen: »Du wolltest wissen, was in meinem Korb ist, nicht wahr? In diesem Korb sind all die Dinge, die mir sehr wichtig schienen und die ich nicht loslassen wollte. Dann auch die schweren Lasten, die das Leben so mit sich bringt: Steine des Zweifels, der Angst und des Misstrauens; vor allem aber die schweren Brocken der Ungerechtigkeit. Ohne das alles hätte ich viel weiter kommen können in meinem Leben. Statt meine Träume zu verwirklichen, habe ich nur meine Lasten durchs Leben geschleppt.« Der Alte schloss die Augen und starb. Der Junge ging zu dem Korb und hob den Deckel ab. Doch der Korb, der den alten Mann so lange niedergedrückt hatte, war leer.

Segensworte

Ein Segen sind Menschen,
die mich nicht ändern wollen,
die mich geduldig annehmen,
die mir zuhören,
die mich trösten,
die mir sagen:
Nein, Gott hat dich nicht verlassen.

Gott möge dir das Denken lassen
und dir die Dankbarkeit bewahren
für diese Stunde, diesen Tag,
dein ganzes Leben.
Gott möge dir den Verstand lassen
und das Verständnis für den anderen,
jetzt und zeit deines Lebens.
Gott möge dir das Augenlicht lassen

und das Gehör,

damit du nicht misstrauisch wirst,

sondern offen und frei leben kannst.

Einsatzmöglichkeiten

Gottesdienst mit Senioren oder Kranken • im Senioren- oder Altenheim • Krankenkommunion • Gottesdienst mit Krankensalbung (in der Gemeinde, in der Familie, im Krankenhaus).

Hauptsache gesund

Was sind die Hauptsachen

Warum schweigt Gott zu all den Ungerechtigkeiten dieser Welt?

Wo bleibt seine Hilfe in Krankheit, Hunger und Krieg?

Hört er nicht die Hilferufe der Unterdrückten?

Die Angstschreie der Vergewaltigten?

Warum zerschlägt er nicht die Waffen der Heckenschützen?

Warum stört er nicht die Produktion der Minenhersteller?

Warum überlässt er Menschen ihrer Rache?

Warum nimmt er ihnen nicht die Gedanken der Gewalt?

Ich frage mich:

Wie mag einer auf Gott vertrauen, der nicht hört?

Wie kann einer an Gott glauben, der nicht sieht?

Wie kann sich einer auf Gott verlassen, der nicht hilft?

Doch ich höre, wie der Herr zu mir spricht:

Leihe mir deine Stimme und die Welt wird hören, wie ich schreie.

Leihe mir deine Augen und ich erkenne durch sie die Not.

Leihe mir deine Hände und ich kann helfen.

Leihe mir deine Füße und ich kann auf die Schwachen zugehen.

Leihe mir dein Herz und ich weine mit den Trostlosen.

Das eine erbitte dir, so spricht der Herr zu mir:
Eine Handvoll Menschen an deiner Seite,
die so denken und handeln wie du.
Eine Handvoll Menschen,
die zupacken können aus dem Geist des Evangeliums,
die planen mit einem liebenden Herzen.

Dann könnt ihr gemeinsam das Elend überwinden helfen
und sicher sein, ich bin an eurer Seite.
Ich schenke eurem Kopf Klarheit und euren Augen Wachheit.
Euren Ohren verleihe ich Offenheit und eurem Mund einen guten
Geschmack.
Euren Armen gebe ich Kraft und den Händen Zärtlichkeit.
Euren Beinen gebe ich einen festen Halt und euren Füßen Schwung.

Dann könnt ihr alle Zweifel überwinden
und der Versuchung zur Resignation widerstehen.
Das Unmögliche werdet ihr möglich machen,
denn ich bin bei euch alle Tage bis ans Ende der Zeiten.

Dann wird Friede sein und Gerechtigkeit überall
und ihr könnt sagen: Wir sind dabei gewesen.
Das Erbarmen des Herrn hat uns gerettet,
Er, unser Gott, in alle Ewigkeit. Amen.

Schriftworte

● Mit ganzem Herzen vertrau auf den Herrn, bau nicht auf eigene
  Klugheit; such ihn zu erkennen auf all deinen Wegen, dann ebnet er
  selbst deine Pfade. Halte dich nicht selbst für weise, fürchte den
  Herrn, und fliehe das Böse! Das ist heilsam für deine Gesundheit und
  erfrischt deine Glieder. *(Spr 3,5ff)*

● Krone der Weisheit ist die Gottesfurcht, sie lässt Heil und Gesundheit sprossen. Verständnis und weise Einsicht gießt sie aus, sie er-
  höht den Ruhm aller, die an ihr festhalten. Wurzel der Weisheit ist
  die Gottesfurcht, ihre Zweige sind langes Leben. *(Sir 1,18ff)*

- Den Urheber des Lebens habt ihr getötet, aber Gott hat ihn von den Toten auferweckt. Dafür sind wir Zeugen. Und weil er an seinen Namen geglaubt hat, hat dieser Name den Mann hier, den ihr seht und kennt, zu Kräften gebracht; der Glaube, der durch ihn kommt, hat ihm vor euer aller Augen die volle Gesundheit geschenkt. *(Apg 3,15ff)*

Gebete

In meiner Angst
Es ist nicht leicht für mich, Gott, denn ich weiß nicht,
was auf mich zukommt.
Ich bin plötzlich herausgerissen aus meinem bisherigen Leben,
nichts mehr ist wie sonst.
Ich bin auf die Hilfe anderer Menschen angewiesen,
auf ihren Rat, auf ihre Sorge, auf ihren Dienst.
Vor allem aber habe ich Angst, ob denn alles gut geht.
Deswegen bitte ich dich, lenke mit mir alles zum Guten,
damit ich dich loben kann und dir danken,
jetzt und alle Tage meines Lebens.

Nicht ins Bodenlose
Gott, du weißt am besten, wie es um mich steht.
Ich vertraue darauf, dass du mich gerade jetzt
in deiner Hand hältst
und mich nicht ins Bodenlose fallen lässt.
Gib mir ein Zeichen, das mir neue Hoffnung schenkt,
und lass Menschen um mich sein, die es gut mit mir meinen.
Dann werde ich diese Herausforderung
mit deiner und mit ihrer Hilfe bestehen.

Gedanken

- In der ersten Hälfte unseres Lebens opfern wir unsere Gesundheit, um Geld zu verdienen, in der zweiten Hälfte opfern wir unser Geld, um die Gesundheit wiederzugewinnen.

- Die ständige Sorge um die Gesundheit wird leicht zur Krankheit. Andererseits: Was Gesundheit wirklich bedeutet, weiß offenbar nur ein Kranker.

- Mitten im Leben muss Gott erkannt werden in Gesundheit und Kraft, nicht erst im Leiden. *(Dietrich Bonhoeffer)*

- Scheue dich nicht, deine Bedürftigkeit zu zeigen und deine Zärtlichkeit.
Scheue dich nicht, deine Wunden zu zeigen und deine heilenden Hände.
Scheue dich nicht, deine offene Seite zu zeigen und deine Verletzlichkeit.
Dann sieht Gott auf dich.

Geschichte

Die vier Ausfahrten des späteren Buddha
Der junge Siddharta Gautama, der spätere Buddha, erhielt eine standesgemäße Erziehung und führte ein luxuriöses Leben. Alle Sorgen wurden von ihm ferngehalten.
Eines Tages ließ er sich heimlich aus dem Palast hinausfahren und traf auf einen Greis. Das Alter hatte den Alten schwer gezeichnet und niedergedrückt. Siddhartha war zutiefst betroffen, als er erfahren musste, dass es aller Menschen Schicksal ist, zu altern.
Bei seiner zweiten Ausfahrt entdeckte Siddhartha einen kranken Menschen. Schon hatte er wieder eine Sorge mehr; die Sorge um seine Gesundheit.
Bei der dritten Ausfahrt sah er einen Leichenzug und erlebte die tiefe Trauer und die größte Sorge der Menschen: Wir müssen sterben.
Schließlich begegnete er bei seiner vierten heimlichen Ausfahrt einem Mönch. Dessen Gelassenheit und Sorglosigkeit rührte ihn so an, dass er beschloss, Palast und Luxus zu verlassen.

Segensworte

Gott spricht zu dir:
In das Schwere von gestern und in das Ungewisse von morgen
sage ich dir: Ich bin da.

In die Sorge für andere und in den Schmerz deines Versagens
sage ich dir: Ich bin da.

In das Spiel der Gefühle und in die Trauer der Enttäuschungen
sage ich dir: Ich bin da.

In das Glück der Beziehungen und in die Langeweile des Betens
sage ich dir: Ich bin da.

In die Gewöhnlichkeit des Alltags und in die Weite der Träume
sage ich dir: Ich bin da.

In die Gesundheit und Krankheit und in die Ängste und Hoffnungen
sage ich dir: Ich bin da.

Einsatzmöglichkeiten

Gottesdienst mit Senioren oder Kranken ● im Senioren- oder Altenheim ● Krankenkommunion ● Gottesdienst mit Krankensalbung in der Gemeinde.

Bis zum letzten Atemzug

Von Atem zu Atem

Wir alle sind sterbliche Menschen,
wir stehen in der Lebenskette der Ersten,
denen der Atem des Lebens geschenkt wurde.
Geboren atmete ich die gemeinsame Luft,
ich fiel auf die Erde, Weinen war mein erster Laut.

Alle haben den gleichen Eingang, den gleichen Ausgang,
alle atmen die gleiche Luft, Zug um Zug.

Mit jedem Atemzug will ich Gott loben,

beim Ausatmen ihm danken, was er mir Gutes tut.

Beim Einatmen bitte ich um die Klugheit,

das Rechte vom Falschen,

das Gute vom Bösen zu unterscheiden.

Beim Ausatmen erflehe ich die Weisheit,

das Vergängliche zu genießen,

ohne darüber das Unvergängliche zu verlieren.

Mit jedem Atemzug will ich lassen, was mich belastet,

loslassen, was mich festhalten und fesseln möchte.

Uneigennützig will ich weitergeben, was mir geschenkt ist,

nichts für mich behalten, was uns allen gemeinsam ist.

Der Atemzug lehre mich, dass Gottes Güte ein Schatz ist,

und wenn ich die Luft anhalte, spüre ich,

dass seine Freundschaft mich am Leben erhält.

Wir alle sind sterbliche Menschen,

wir stehen in der Lebenskette des Ersten,

dem der Atem des Lebens geschenkt wurde.

Schriftworte

- Sechs Tage kannst du deine Arbeit verrichten, am siebten Tag aber sollst du ruhen, damit dein Rind und dein Esel ausruhen und der Sohn deiner Sklavin und der Fremde zu Atem kommen. *(Ex 23,12)*

- Solange noch Atem in mir ist und Gottes Hauch in meiner Nase, soll Unrecht nicht von meinen Lippen kommen, noch meine Zunge Falsches reden. *(Ijob 27,3f)*

- Gott, der die Welt erschaffen hat und alles in ihr, er, der Herr über Himmel und Erde, wohnt nicht in Tempeln, die von Menschenhand gemacht sind. Er lässt sich auch nicht von Menschen bedienen, als brauche er etwas: er, der allen das Leben, den Atem und alles gibt. *(Apg 17,24f)*

Gebete

Gott, ich bitte dich:
Lass mich jeden Tag aufwachen und auf eigenen Beinen stehen.
Das Alte lass vergangen sein, das Neue mir Freude machen.
Lass mich verstehen, dass ich zu mir stehen muss,
um die anderen zu verstehen.
Lass mich jeden Tag aufstehen, bis zum letzten Atemzug.

Aufatmen, Gott, welch eine Last fällt von mir:
Ich kann wieder atmen.
Die Angst hatte mir die Luft abgeschnürt,
ich wusste nicht, was werden sollte.
Ich kannte mich selbst nicht mehr
so sehr war ich aus dem Gleichgewicht.
Doch jetzt kann ich wieder atmen,
mit deiner Hilfe habe ich mich selbst überwunden
und dann war alles ganz leicht.

Übung

Tagsüber bewusst Atempausen einlegen:
Ein Atemzug, wenn das Baby schreit.
Zwei Atemzüge, wenn das Martinshorn ertönt.
Drei Atemzüge, wenn das Telefon oder die Türglocke klingelt.
Vier Atemzüge, bevor das Auto gestartet wird.
Fünf Atemzüge, wenn die Glocken einer Kirche läuten.
Sechs Atemzüge, wenn die Zeitung beiseitegelegt wird.
Sieben Atemzüge nach dem Einschalten des Computers
oder des Fernsehers.
Acht Atemzüge, bevor eine teure Ware in den Einkaufswagen
gelegt wird.
Neun Atemzüge, wenn ein Punkt hinter den Tag gemacht wird.
Zehn Atemzüge in der Frühe bei offenem Fenster.

Geschichten

Wach werden

Ein Vater von drei kleinen Kindern fragte einen Weisheitslehrer. »Was ist der Unterschied zwischen deinen und meinen Geschichten?« Der antwortete: »Deine Geschichten sollen beim Einschlafen helfen, meine beim Wachwerden.«

Keine Sehnsucht

Der Pfarrer sah auf der Straße drei kleine Jungen, die die Schule schwänzten. »Wollt ihr nicht in den Himmel kommen?«, fragte er mahnend.

»Natürlich«, antworteten zwei der Jungen; der Dritte sagte: »Nein.«

»Was? Du willst nicht in den Himmel kommen, wenn du stirbst?«

»Ach so, wenn ich sterbe!«, rief der Junge. »Natürlich will ich das, wenn ich sterbe. Ich dachte, Sie suchten jemanden für jetzt gleich.«

Wirkung des Atems

Einige, die auf der Suche waren, beobachteten den Dalai Lama bei seiner täglichen Atemübung. Sie mussten eine Zeit lang warten, bis er sich ihnen zuwandte und sagte: »Wenn unsere Achtsamkeit auf den Atem gerichtet ist, können wir uns nicht auf Begierden oder gar Hass konzentrieren. Sie vergehen wie die Luft des Ausatmens.«

Gedanken

- Die Zukunft beginnt immer mit dem nächsten Atemzug. Wahren Frieden gibt es erst beim letzten.

- Leben heißt hoffen. Jeder Atemzug ist ein Hoffnungsakt. Denn in jedem Augenblick geht es um den nächsten Augenblick, um die nächste Zukunft. *(Helmut Gollwitzer)*

- Wenn ein Kind geboren wird und den ersten selbstständigen Atemzug macht, hält der Himmel den Atem an.

Segensworte

Gott, stärke, was in uns wachsen will,
kräftige, was uns lebendig macht,
behüte, was wir weitertragen,
bewahre, was wir freigeben,
und segne uns, wenn wir aufbrechen zu dir.

Wo soll ich beginnen?
Die Welt ist so groß.
Ich werde mit dem Land beginnen,
das ich am besten kenne,
mit meinem eigenen.
Aber mein Land ist so groß.
Ich fange lieber mit meiner Stadt an.
Aber meine Stadt ist so groß.
Am besten beginne ich mit meiner Straße.
Nein, mit meinem Haus.
Nein, mit meiner Familie.
Ach was, ich beginne bei mir.
Und dazu segne mich.

Einsatzmöglichkeiten

Besinnungs- und Einkehrtage ● Thema: Atem ● Krankenbesuch / Gottesdienst mit Kranken, besonders bei Menschen mit Atemnot.

In Krankheit getragen

Fragen und Klagen

Wenn andere mich fragten: »Warum straft mich Gott?«,
wenn sie mich fragten: »Warum ausgerechnet ich?«,
hatte ich keine Antwort,
nur billige Worte: Es wird schon wieder.

Wenn Freunde von mir wissen wollten,
wozu die Krankheit gut sei und warum die Schmerzen,
da fiel mir kein Wort des Trostes ein.

Wenn einer ernstlich krank wurde,
habe ich mich rar gemacht
und gedacht, dem kann keiner mehr helfen.

Aber jetzt hat es mich getroffen
und ich stelle die gleichen Fragen.
Ich warte auf Hilfe, auf die Freunde,
aber keiner ist da.
Und wenn sie mich trösten,
dann kommt es bei mir nicht an.

Ich zermartere mich am Tag und suche nach einem Ausweg.
Ich quäle mich in der Nacht und erfinde neue Therapien.

Ich warte auf ein Zeichen meines Arztes,
aber er schweigt.
Ich suche Hilfe bei der Schwester,
sie weicht mir aus.

Ich ahne, dass sie hinter meinem Rücken reden,
wenn sie gegangen sind.
Sie wissen mehr, als sie mir sagen wollen.

Ich spüre, dass ich schwächer werde von Tag zu Tag.
Dass die einfachsten Dinge mir große Mühe bereiten.

Ich vermute, dass sie mein Todesurteil bereits gesprochen haben,
auch wenn sie mir gut zureden und Mut machen wollen.

Da bleibst nur noch du, Gott, an den ich so selten dachte.
Ja, ich spöttelte:
Glaube, das ist etwas für alte Frauen oder für Schwache.
Religion brauchen die, die es im Leben zu sonst nichts bringen.
Die in die Kirche rennen, sind auch nicht besser als ich.

Alle meine Worte fallen mir jetzt durch die Finger,
sie rinnen durch meine Hände.
Wäre es nicht zu spät, ich würde ganz anders reden.
Denn jetzt brauche ich dich, Gott.
Ob du überhaupt hörst? Ob du auf mich hörst,
in meiner Angst, in meiner Not und in meinem Zweifel?

Ich werde ruhiger, wenn ich so mit dir rede,
ich werde gelassener, wenn ich vor dir mein Herz ausschütte.
Dir möchte ich mich anvertrauen.
Gerade jetzt, da ich keinem mehr vertrauen kann.

Bleib du mir nahe, gleich wie es ausgeht.
Und wenn du willst, dann rette noch einmal mein Leben.
Mach mich gesund, wenn es zu meinem Besten ist.
Mach mich heil, damit ich auch anderen zum Heil werden kann.

Schriftwort

● Hat einer von euch Schweres zu ertragen? Dann soll er beten. Ist jemand glücklich? Dann soll er Loblieder singen. Ist einer von euch krank? Dann soll er die Ältesten der Gemeinde rufen, damit sie für ihn beten und ihn im Namen des Herrn mit Öl salben. Ihr vertrauensvolles Gebet wird den Kranken retten. Der Herr wird ihn gesund machen und wird ihm vergeben, wenn er Schuld auf sich geladen hat. *(Jak 5,13–15)*

Gebete

Zum Leben gemacht
Gott, du hast mich gewollt, wie ich bin.
Du hast mich beim Namen gerufen und zu mir gesagt:
Mein bist du.
Du hast mich für das Leben geschaffen und nicht für den Tod,
für das Licht und nicht für das Dunkel.
Jetzt bitte ich dich,

nimm mich in dieser kritischen Situation an der Hand.
Schenke mir Zuversicht und Geduld,
Gelassenheit und Kraft, um meine Krankheit zu bestehen.

Gottes Wille

Gott, ich habe dein Wort,
um mich daran festzuhalten.
Ich vertraue deinem Willen,
der das Beste für mich fügt.
Dir will ich mich übergeben,
mein Leiden und meine Vergangenheit,
mein Sorgen und meine Hoffnung,
mein Leben und meine Zukunft.
Dann werde ich meinen Weg finden,
den du mir vorgezeichnet hast,
und ihn gehen voll Vertrauen und Zuversicht
bis zu einem glücklichen Ende.

Stunde der Entscheidung

Gott, ich muss erkennen,
dass mein Leben nicht mir allein gehört.
Meine Zeit war mir geliehen, damit ich mit ihr leben,
etwas gestalten und sie mit anderen teilen kann.
Jetzt geht diese Zeit zu Ende. Viel zu kurz war diese Zeit.
So manches hätte ich gerne noch erlebt oder getan.
So manches hätte ich gerne noch geändert oder gelassen.
Jetzt ist die Zeit, in der ich nicht mehr viel tun kann.
Deshalb bitte ich dich,
vollende, was ich nicht mehr vollbringen kann.
Versöhne, wo ich nichts mehr heilen,
rette, was ich nicht mehr gutmachen kann.
Dann fällt es mir leichter, Ja zu sagen.
Ja, Herr, dein Wille geschehe.

Geschichten

Schützende Engel

Der schwerkranke Jochen sagte seiner Mutter: »Mami, heute Nacht war mein Engel wieder bei mir.« Das Kind starb am 2. Oktober, dem Fest der Engel. Dieser Termin war für seine Eltern ein großer Trost, denn an diesem Tage heißt es im Stundenbuch der Kirche: »Gott befiehlt seinen Engeln, dich zu beschützen, wohin du auch gehst.« *(Quelle unbekannt)*

Kein Zuviel

Er folgte der Ordensschwester auf Schritt und Tritt, von Zimmer zu Zimmer. Vor vier Wochen war er aus diesem Krankenhaus entlassen worden. Monatelang war er hier versorgt und gepflegt worden. Nach seinem schweren Motorradunfall zuerst für einige Tage auf der Intensivstation. Dann nach mehreren Operationen auf der zweiten chirurgischen Abteilung. Durch viele Hände war er gegangen. Aber die Hände von Marija, der Ordensschwester aus Kroatien, waren etwas Besonderes. In dieser Frau fühlte er Nähe und Distanz zugleich, Zuwendung, Fürsorge, ja eine große Liebe und doch jenen Abstand, der sie ihm als eine Heilige erscheinen ließ.

Martin war nach seiner Rehabilitation zurückgekehrt, um den hilfsbereiten Menschen jener schweren Wochen Danke zu sagen. Vor allem Marija. Doch sie hatte kaum Zeit für ein kurzes Gespräch. So ging er mit ihr von Krankenzimmer zu Krankenzimmer und machte sich, so gut es ging, mit einigen Handgriffen nützlich. Marija lächelte in ihrer unnachahmlichen Art und ließ es geschehen.

Als Martin nach Stunden des gemeinsamen, meist wortlosen Handelns gehen musste, nahm er die Ordensschwester zum Abschied an beiden Händen und fragte: »Warum tun Sie das alles und noch viel mehr?« Marija lächelte wieder und sagte: »Martin, wo es um die Liebe geht, ist zu viel nicht einmal genug.«

Segensworte

Der Herr segne dein Leben und deine Sinne.

Deine Augen – Sie sollen auf ganz neue Weise sehen.

Deine Ohren – Sie sollen hören und verstehen.

Deinen Mund – Er soll die Herrlichkeit Gottes verkosten.

Deine Nase – Sie soll den Wohlgeruch des Himmels ahnen.

Deine Haut – Sie soll die zärtliche Nähe Gottes spüren.

Deine Hände – Sie sollen das Gute deines Lebens bewahren.

Deine Füße – Sie sollen Gott, dem Herrn, entgegengehen.

Der Herr segne dich vom Kopf bis zu den Füßen.

Sei getrost:

Gottes Hand umgibt dich vom Kopf bis zum Fuß.

Gottes liebende Zuwendung umfängt dich von rechts nach links.

Sei bestärkt:

Du sollst wieder gesund werden,

damit du deinen Auftrag erfüllen kannst,

da zu sein für die, die dich lieben

und die du liebst.

Du sollst gesegnet sein

und zum Segen werden.

Gottes Wohlwollen und seine gute Hand

sollen dich umgeben wie ein schützender Engel.

Er stehe dir bei mit seiner Kraft

und schenke dir Vertrauen und Zuversicht

in seine Pläne mit dir.

Salbungswort zur Krankensalbung

Wie du die Wärme meiner Hand spürst, sollst du die Liebe Gottes erfahren. Die Kraft meiner Hände sei ein Zeichen für seine Zuwendung und Nähe.

Der Herr stehe dir bei in deiner Krankheit und in deinem Alter durch diese Heilige Salbung und richte dich auf,

wenn du von Angst, Schmerzen und Sünden niedergedrückt bist.
Der gütige Gott schenke dir Heilung, wenn es sein Wille ist.
In jedem Fall schenke er dir Heil und Zuversicht
und ein Ja zu seinen Plänen.

Einsatzmöglichkeiten

Gottesdienst mit Senioren oder Kranken ● im Senioren- oder Altenheim
● Krankenkommunion ● Gottesdienst mit Krankensalbung in der Gemeinde.

Der letzte Schritt

In Gottes Hände

Mein Mund ist trocken, meine Kehle wie zugeschnürt.
Das Todesurteil ist gesprochen und ich konnte mich nicht wehren.

Kein Laut kommt über meine Lippen,
nichts, was einer hätte hören können, die um mein Bett standen.
Es ist aus und vorbei.

Mir kommen auf einmal Sätze in den Sinn,
die ich achtlos gehört, vielleicht achtlos gesprochen habe:

Die Zeit ist vor dir wie nichts. Das Leben ist kurz.
Der Mensch ist vergänglich wie das Gras.
Abgeschnitten werde ich vom Tuch des Lebens.
Wie ein Schatten geht der Mensch dahin.

Soll das jetzt alles gewesen sein, Gott?
Gibt es jetzt nichts mehr für mich?

Haben sich vielleicht die Ärzte geirrt,
die Befunde vertauscht, die Ergebnisse falsch gedeutet?
Bin wirklich ich gemeint und kein anderer?
Ausgerechnet ich, da doch so viele den Tod ersehnen?

Ich will leben. Hörst du meine stimmlosen Worte?
Achtest du auf meine Klage?
Oder hast du mich bereits verlassen,
aufgegeben wie alle hier in der Klinik?

Dabei könntest du mein Leben retten, wenn du wolltest.
Könntest mich vor dem Tod bewahren.

Aber ich versuche jetzt zu beten wie jener,
den du auch nicht aus dem Tod gerettet hast,
dein Sohn Jesus Christus:

Er betete:
Vater, in deine Hände lege ich voll Vertrauen mein Leben.
Ich will mich auf dich verlassen,
wenn alle mich loslassen müssen.

So will auch ich beten und mich fallen lassen in deine Hände.
So will auch ich beten, jetzt und in der Stunde meines Todes.

Schriftworte

- In deine Hände lege ich voll Vertrauen mein Leben; du hast mich erlöst, Herr, du treuer Gott. *(Ps 31 6)*

- Leben wir, so leben wir dem Herrn, sterben wir, so sterben wir dem Herrn. Ob wir leben oder ob wir sterben, wir gehören dem Herrn. Denn Christus ist gestorben und lebendig geworden, um Herr zu sein über Tote und Lebende. *(Röm 14,8f)*

- Ich bin die Auferstehung und das Leben. Wer an mich glaubt, wird leben, auch wenn er stirbt, und jeder, der lebt und an mich glaubt, wird auf ewig nicht sterben. *(Joh 11 25f)*

- Verschlungen ist der Tod vom Sieg. Tod, wo ist dein Sieg? Tod, wo ist dein Stachel? *(1 Kor 15,54f)*

🔹 Selig die Toten, die im Herrn sterben, von jetzt an; ja, spricht der Geist, sie sollen ausruhen von ihren Mühen; denn ihre Werke begleiten sie. *(Offb 14,13)*

Gebete

Das Ende, mein Ende
Mein Leben geht zu Ende.
Unaufhaltsam gleitet es dem Tode zu.
Ich weiß es seit meiner Geburt,
aber ich habe es verdrängt – bis heute.
Jetzt kann ich mich nicht mehr drücken.
Mein Leben führt zum Tod.
Doch bei dir sieht alles anders aus.
Da ist es genau umgekehrt:
Der Tod führt zum Leben.
Er hat nicht das letzte Wort.
Es geht aufwärts statt abwärts.
Herr, lass meinen Glauben Wirklichkeit werden.
Lass mich durch den Tod dein Leben gewinnen.

Mache dich auf
Mache dich auf, Bruder. Mache dich auf, Schwester.
Mache dich auf im Namen unseres Gottes,
unseres Vaters, der dich erschaffen hat.
Im Namen Jesu Christi,
der dich durch sein Leben,
seinen Tod und seine Auferstehung erlöst hat.
Im Namen des Heiligen Geistes,
der dich durch die Sakramente geheiligt hat.
Mach dich auf den Weg zu deinem und zu unserem Gott.
Er wartet auf dich und gibt dir Heimat.
Uns allen ist eine Wohnung bereitet.
Mache dich auf, auch wenn du alles loslassen,

auch wenn du uns verlassen musst.

Du gehst uns nur in das Ewige Leben voraus.

In die Hände Gottes
Wir empfehlen dich
der Güte Gottes.
Ihm vertrauen wir dich an.
Wir lassen dich los, damit er dich an der Hand nehmen kann.
In Gottes Hand lassen wir dich los,
dort bist du geborgen für immer.
Wir lassen dich in großer Traurigkeit los,
denn wir haben dich lieb.
Aber weil wir dich lieb haben, denken wir nicht an uns.
Wir bitten und sagen:
Vater, in deine Hände legen wir dieses Leben.
Was uns von dir bleibt, ist deine Liebe.
Sie überlebt den Tod und führt uns alle zum Leben.

Gedanken

- Sterben ist nichts anderes als das Umblättern einer Seite im Buch des Lebens. In den Augen der Lebenden ist es der Tod; für die aber, die sterben, ist es das Leben.

- Auf dieser Erde gehören Leben und Tod zusammen. Das Reich Gottes kennt nur noch das Leben, nicht mehr den Tod.

- Der Tod hat nicht das letzte Wort; das letzte Wort hat die Liebe.

- Sammle dir jeden Tag etwas Ewiges, das dir kein Tod raubt, das den Tod und das Leben dir jeden Tag lieblicher macht.

Geschichte

Neues Leben
In Frankreich lebte vor hundert Jahren ein Bauer. Überraschend starb seine Frau und kurz darauf sein einziger Sohn. Das Leben schien ihm

fortan sinnlos. Er lässt seinen Bauernhof in der fruchtbaren Ebene zurück und zieht mit 50 Schafen in die steppenähnlichen Cevennen. Dort will er vergessen. Die Gegend ist fast menschenleer; er findet nur fünf halbverfallene Dörfer.

Mit einem Blick erkennt er: Die ganze Gegend wird in Kürze ausgestorben sein, wenn hier keine Bäume wachsen.

Da erkennt er seinen Auftrag: Er besorgt sich einen Sack mit Eicheln, nimmt einen Eisenstab und zieht los. In bestimmten Abständen stößt er den Stab in die Erde und legt eine Eichel in das Loch und verschließt es. Wieder und wieder tut er das. In drei Jahren hat er auf diese Weise über 100 000 Eicheln gesteckt. Er hoffte am Beginn seines Unternehmens, dass 10 Prozent der Saat aufgehen würde ...

Als der Bauer im Jahr 1947 im Alter von 89 Jahren starb, hat er einen der schönsten Wälder Frankreichs geschaffen. An drei verschiedenen Stellen gibt es Eichenwälder von jeweils 11 km Länge und 3 km Breite.

Was ist seither geschehen: In den ausgetrockneten Bächen fließt wieder Wasser. Neue Wiesen und Viehweiden entstehen. Die Vögel kommen zurück. Selbst in den Dörfern kehrt neues Leben ein.

(Nach J. Giono, Der Mann mit den Bäumen)

Segensworte

Es segne dich zum Abschied aus unserer Welt:
Gott, der zu uns ist wie ein Vater und eine Mutter.
Er hat dich geschaffen und zu seinem Kind gemacht.
Es segne dich Jesus Christus,
der alles getragen hat, was menschlich ist.
Er hat dich befreit und erlöst.
Es segne dich der gute Geist,
der dich begleitet hat von Anfang an.
Er hat dich durch die Sakramente geheiligt.

Geh mit Gott der Auferstehung entgegen.
Geh durch das Tor des Todes, das Leben heißt.
Geh mit Gott der Auferstehung entgegen.

Das Gute deines Lebens soll dich begleiten.
Geh mit Gott der Auferstehung entgegen.
Du wirst finden, was du schon immer gesucht hast.
Geh mit Gott deiner Auferstehung entgegen.
Liebe, Freude, Frieden und Glück werden dich begrüßen.

Einsatzmöglichkeiten

Gottesdienst mit Senioren oder Kranken ● im Senioren- oder Altenheim ● Krankenkommunion ● Gottesdienst mit Krankensalbung (in der Gemeinde, in der Familie, im Krankenhaus).

Endlich heimkehren

Hingabe

(Psalmwort, einem Verstorbenen in den Mund gelegt)
In deine Hände, Gott, lege ich mein Leben.
Hoffentlich hatte ich noch die Kraft zu diesem Wort
in meiner letzten Stunde: In deine Hände, Gott.

Dann legt mich, wohin ihr wollt.
Legt mich in ein Grab
und vertraut mich der Mutter Erde an,
die alles zurücknimmt, was sie gegeben hat.
Oder übergebt mich dem Feuer,
das alles reinigt für das ewige Leben.

Dahin sei in Erde oder Feuer alles,
was mich belastet und niedergedrückt hat,
dahin sei, wo ich andere unterdrückt und beladen habe.

Aber mein Lachen und mein Weinen
soll das Grab überstehen:
mein Humor und meine Traurigkeit,
meine Liebe und meine Leidenschaft,

auch meine Sehnsucht.
Es sei denn: Gott erfülle das alles in seiner Liebe.

Bestand haben sollen über die Verwesung hinaus,
überdauern sollen noch im Feuer
meine guten Worte, mein Einsatz für die Menschen,
meine Treue zu anderen wie zu mir selbst.
Es sei denn, Gott ersetze euch alles,
was wichtig war an meinem Leben.

Spürbar sollen euch künftig meine Hände sein,
wo sie gehalten und getröstet haben.
Meine Ohren, wo sie offen geblieben waren
für die Fragen und das Suchen.
Meine Füße, die auf andere zugegangen sind,
mein Rücken, an dem sich Schwache stützen konnten,
mein Herz, das in allen weiterlebt,
die mich lieb hatten.

Gesegnet sollen alle sein, die um mich trauern.
Mit einem Segen,
der den Abschied leicht macht wie sanften Regen;
mit einem Segen,
der die Trauer auflöst im Strom der Tränen;
mit einem Segen,
der die Erinnerung verwandelt in Dankbarkeit,
mit einem Segen,
der für alle zum Segen wird, die mich liebten.

Schriftworte

- Kostbar ist in den Augen des Herrn das Sterben seiner Frommen. *(Ps 116)*

- Wir alle werden alt wie ein Kleid; es ist ein ewiges Gesetz: Alles muss sterben. *(Sir 14,17)*

- Wie sprossende Blätter am grünen Baum – das eine welkt, das andere wächst nach –, so sind die Geschlechter von Fleisch und Blut: das eine stirbt, das andere reift heran. *(Sir 14,18)*

- Darauf warte und hoffe ich, dass ich in keiner Hinsicht beschämt werde, dass vielmehr Christus in aller Öffentlichkeit durch meinen Leib verherrlicht wird, ob ich lebe oder sterbe. Denn für mich ist Christus das Leben und Sterben Gewinn. *(Phil 1,20f)*

Gebete

Wo bist du, Gott, in meiner Not?
Wo bist du, Gott, in meinem Leid?
Wo bist du, Gott, in meinen Schmerzen?
Wo bist du, Gott, in meinem Sterben?
Wo bist du, Gott, in meinem Tod?
Wo bist du, Gott, in meiner Klage?
Komm, guter Gott, sei mit mir.
Bleibe bei mir.
Halte mich fest.

Ich hatte gebeten
Ich hatte Gott um die Kraft gebeten, Erfolg zu haben;
er hat mich schwach gemacht, damit ich in Demut gehorchen lerne.
Ich hatte um Gesundheit gebeten, um Großes zu vollbringen;
er hat mich gebrechlich gemacht, damit ich Besseres vollbringe.

Ich hatte um Reichtum gebeten, damit ich glücklich sein kann;
er hat mich arm gemacht, damit ich weise werden kann.
Ich hatte um Macht gebeten, damit mich die Menschen achten;
er hat mich hilflos gemacht, damit ich nach Gott verlange.

Ich hatte um einen Gefährten gebeten, um nicht allein zu sein;
er hat mir ein Herz gegeben,
um all meine Brüder und Schwestern zu lieben.

Ich hatte um Dinge gebeten, die mein Leben erfreuen könnten,
ich habe das Leben bekommen, um mich an den Dingen zu erfreuen.

Ich bekam nichts von dem, worum ich gebeten hatte,
aber ich bekam alles, was ich erhoffte.
Fast ohne mein Zutun wurden meine nicht ausgesprochenen Gebete
erhört.
Keiner unter den Menschen wurde reicher beschenkt als ich.
*(Verfasser unbekannt, eingraviert auf einer Bronzetafel in einer psycho-
therapeutischen Einrichtung in New York)*

Danke für die kurze Zeit
Gott, ich muss erkennen,
dass mein Leben nicht mir allein gehört.
Meine Zeit war mir geliehen, damit ich mit ihr leben,
etwas gestalten und sie mit anderen teilen kann.
Jetzt geht meine Zeit zu Ende.
Viel zu kurz war diese Zeit.
So manches hätte ich gerne noch erlebt oder getan.
So manches hätte ich gerne noch geändert oder gelassen.
Jetzt ist die Zeit, in der ich nicht mehr viel tun kann.
Deshalb bitte ich dich,
vollende, was ich nicht mehr vollbringen kann.
Versöhne, wo ich nichts mehr heilen,
rette, was ich nicht mehr gutmachen kann.
Dann fällt es mir leichter, Ja zu sagen.
Ja, Herr, dein Wille geschehe.

Gedanken

- Es gibt für den Menschen nur drei wichtige Ereignisse: geboren werden, leben und sterben. Doch wenn er sich seines göttlichen Wer-
dens nicht bewusst ist, leidet er bei dem Gedanken an das Sterben
und er vergisst darüber zu leben.

- Bevor man leicht sterben kann, muss man gut leben.

- Sterben ist die einfachste Sache der Welt; man lernt sie beim ersten Mal.

- Was wir nicht haben sterben lassen, damit müssen wir leben.

Geschichten

Same zum Leben

»Tot ist tot«, sagte einer halblaut zu sich, als er dem Verstorbenen die letzten drei Schaufeln Erde ins Grab warf: »Was tot ist, kehrt niemals zurück!«

Da hörte er hinter sich eine Stimme: »Siehst du die Blume dort? Sie stirbt und vergeht. Aber ihr Same bleibt zurück und verkündet das Geheimnis der Ewigkeit: Alles kommt wieder zu seiner Zeit.«

Sinn

Als der alte Mann bei Sonnenuntergang den Strand entlangging, sah er vor sich einen jungen Mann, der Seesterne aufhob und ins Meer warf. Nachdem er ihn eingeholt hatte, fragte er ihn, warum er das denn tue. Da sagte der junge Mann: »Die Seesterne werden sterben, wenn sie bis Sonnenaufgang hier liegen bleiben müssen.« – »Aber der Strand ist viele Meilen lang, und Tausende von Seesternen liegen hier«, meinte der Alte: »Dein Mühen macht keinen Sinn!« Der junge Mann blickte auf den Seestern in seiner Hand und warf ihn in die rettenden Wellen. Dann meinte er: »Für diesen hier macht es einen.« *(Aus dem Hinduismus)*

Segensworte

Sei gesegnet mit der Wahrheit,
dass Gott ein Gott der Lebenden ist,
nicht ein Gott des Todes.
Sei gesegnet mit der Wahrheit,
dass dieses Leben nicht alles ist
und es ein Leben nach dem Leben gibt.
Sei gesegnet mit der Wahrheit,
dass das Leben lebt.

Der Herr über Leben und Tod
sei mit seiner ganzen Kraft über uns.
Jesus Christus, der unser Leben teilte,
sei mit seiner ganzen Liebe mit uns.
Gottes Geist, der alles Gute bewirkt,
sei mit seinen guten Gaben in uns.
Dieser Segen begleite uns
durch den Tag und die Zeiten.

Einsatzmöglichkeiten

Vorbereitung auf das Sterben ● Abschiedsliturgie ● Requiem /Auf-
erstehungsgottesdienst.

Auf den Straßen des Lebens
Zu Urlaubszeiten, Wallfahrten und Prozessionswegen

Der Weg als Ziel

Unterwegs

Wer kann das große Ziel erreichen?
Wer darf das Heiligtum betreten, die Sehnsucht der Völker?

Wer kann die Wege seines Lebens bestehen,
die Irrwege und Umwege glücklich beenden?

Wer aus seiner sicheren Sesshaftigkeit auszieht.
Wer bereit ist, auszubrechen aus der Gewohnheit und dem Üblichen.

Wer sich loslöst von falschen und ungerechten Bindungen,
wer sich frei macht von Fesseln und Zwängen.

Wer sich auf den schweren Weg zu sich selber macht,
wer aus sich herausgeht, um bei sich anzukommen.

Wer daran glaubt, dass Gott uns unsere Wege gehen lässt,
wer vertraut, dass er da ist, auch wenn wir nichts spüren.

Der wird lieber hören als reden; er wird die Hände offen halten,
statt sie zu Fäusten zu ballen und zuzuschlagen.

Er wird zu Niedergedrückten auf Augenhöhe gehen.
Gefallene wird er aufrichten und ihnen den Rücken stärken.

Er wird nach Gerechtigkeit rufen für den, der keine Stimme hat,
und lieber selber Schaden erleiden als Unrecht tun.

Er wird an die großen und kleinen Wunder am Weg glauben,
dass Frieden möglich ist
und Gewalt und Tod nicht das letzte Wort haben.

Sein letztes Brot wird er teilen mit den Mühseligen und Belasteten,
Wein wird er spenden den Traurigen und Trostlosen.

Er wird immer noch einen Schluck Wasser in seiner Flasche haben,
ein gutes Wort auf seinen Lippen
und einen guten Gedanken in seinem Kopf.

Das große Ziel wird er fest im Auge haben und in seinem Herzen
und doch Umwege in Kauf nehmen,
um der Schwestern und Brüder willen.

Nichts kann ihn aufhalten, Schritt vor Schritt wird er setzen,
weil ihn die Hoffnung trägt und die Zuversicht leitet.

Der wird das große Ziel erreichen und den Apostel umarmen.
Der darf das Heiligtum betreten, die Sehnsucht der Völker.

Der wird einen Schein von Gottes Herrlichkeit entdecken
und einen Schimmer vom Glanz des ewigen Lichtes.

Er kann sich einem neuen Morgen zuwenden;
umkehren wird er wie neugeboren
und seinen Weg machen aus Gottes Kraft.

Schriftworte

- Vollkommen ist Gottes Weg, das Wort des Herrn ist im Feuer geläutert. Ein Schild ist er für alle, die sich bei ihm bergen. Denn wer ist Gott als allein der Herr, wer ist ein Fels, wenn nicht unser Gott? Gott hat mich mit Kraft umgürtet, er führte mich auf einen Weg ohne Hindernis. Er ließ mich springen schnell wie Hirsche, auf hohem Weg ließ er mich gehen. *(Ps 18,31–34)*

- Wohin du gehst, dahin gehe auch ich, und wo du bleibst, da bleibe auch ich. Dein Volk ist mein Volk, und dein Gott ist mein Gott. Wo du stirbst, da sterbe auch ich, da will ich begraben sein. *(Rut 1,16f)*

- Jesus sagte zu ihm: Ich bin der Weg und die Wahrheit und das Leben; niemand kommt zum Vater außer durch mich. *(Joh 14,6)*

Gebete

Unterwegs sein und mit Brot und Wein Gastfreundschaft genießen, das schenke uns. Unterwegs bleiben und durch Brot und Wein Gastfreundschaft gewähren, das ermögliche uns.

Ankommen und in Brot und Wein einen Vorgeschmack auf das Reich Gottes bekommen, das gewähre uns.

Wir danken dir, Gott,
dass Jesus Christus uns mitnimmt auf seinen Weg
und dass er uns auf unserem Lebensweg begleitet.
Wir gehen nicht ziellos und nicht allein.
Wenn wir rasten, gibt sein Wort uns Ruhe und neue Kraft.
Er gibt uns eine Gemeinschaft an die Seite,
die den Weg im gleichen Glauben
und der gleichen Hoffnung mit uns teilt.
Er schenkt uns Menschen, denen wir vertrauen können;
deren Führung wir uns anvertrauen.
Er zeigt uns ein Licht und ein Ziel,
wenn wir nicht recht weiterwissen,
und lässt uns für andere Spur und Gefährte sein.
Für diese Wegbegleitung danken wir.

Gedanken

● Ich suchte dich, doch konnte ich dich nicht finden.
Ich rief laut nach dir vom Minarett.
Ich läutete die Tempelglocke
beim Aufgang und Untergang der Sonne,
ich badete vergebens im Ganges,
enttäuscht kam ich von der Kaaba zurück.
Ich schaute mich um auf der Erde,
ich suchte nach dir im Himmel, mein Geliebter,
aber zuletzt habe ich dich gefunden
als verborgene Perle in der Muschel meines Herzens.
(Hazrat Inayat Khan)

● *Wege gehen*
Ohne Abschied nichts Neues.
Anfangen, wo alles zu Ende ist.
Um seinen Wert wissen, wo alles wertlos scheint.
Ganzheit anstreben, wo jeder nur Trennung sieht.
Neue Sicht gewinnen.
Neue Einsichten bekommen.
Neues Leben spüren.
Nichts Neues ohne Abschied.

Geschichte

Falscher Weg
Ein Schüler wollte die Erleuchtung gewinnen. Unverdrossen saß er deshalb in strenger Meditationshaltung auf dem Boden und wartete. »Was tust du?«, fragte ihn der Meister. »Ich will die Erleuchtung finden!«
Da nahm der Meister einen Ziegelstein und rieb ihn an der Mauer des Tempels. »Was tust du da?«, fragte jetzt der Schüler. »Ich will aus dem Ziegelstein einen Spiegel schleifen!« »Nie und nimmer kann aus dem Ziegel ein Spiegel werden«, lachte der Schüler. »Und nie kommt durch Sitzen die Erleuchtung«, lachte der Meister.
(Aus dem Buddhismus)

Segensworte

Gott sei euch der rote Faden durch die Wege des Lebens.
Gott sei euch Rat und Hilfe für gute Begegnungen und Freundschaften.
Gott sei euch das sichere Gespür für die richtigen Entscheidungen.
Gott sei euch der Trost für die Wiederkehr des Lachens.
Gott sei euch ein guter Freund, eine gute Freundin,
damit ihr euch unterwegs
nicht wie verlassen und verloren vorkommen müsst.

Gott soll,

wenn du gehst, deine Straße sein,

wenn du irrst, dein Ausweg sein,

wenn du denkst, deine gute Idee sein,

wenn du liebst, deine Zärtlichkeit sein,

wenn du traurig bist, deine Offenheit sein,

wenn du suchst, deine Erfindung sein,

wenn du verlierst, dein Gewinn sein,

wenn du stirbst, dein Leben sein,

wenn du segnest, dein Segen sein.

Einsatzmöglichkeiten

Wallfahrten (besonders Santiago de Compostela) • Gemeindefahrten • Gottesdienst zum Urlaubsbeginn.

Auf den Straßen des Lebens

Der Weg ist das Ziel

Auch wenn wir das Ziel noch nicht erkennen können,

der Weg liegt vor uns.

Jesus Christus hat uns eine Straße gebaut,

der wir uns anvertrauen können.

Er ist selber zum Weg geworden,

zur Wahrheit, zum Leben.

Diesen Weg wollen wir gehen.

Diese Straße wollen wir fahren.

Der Weg entsteht im Gehen

Der ganze Weg liegt im ersten Schritt,

die Straße öffnet sich uns, wenn wir starten.

Jesus Christus lädt uns ein auf seinen Weg.

Er sagt: Kommt und seht.

Und er sorgt sich für uns, wenn er uns einlädt:

Nehmt und esst! Nehmt und trinkt
Er ist Weg und Rastplatz für uns.
Die Wege zu ihm entstehen, wenn wir sie gehen;
die Straße unter unseren Rädern.

Wer das Ziel will, muss auch die Wege wollen
Das Ziel ist größer als eine Etappe,
es ist mehr als ein Punkt auf der Landkarte.
Jesus Christus hat uns das Ziel gezeigt,
das Reich Gottes, ein Reich des Friedens
und der Gerechtigkeit.
Es ist schon unter uns, wir müssen es nur sehen.
Wir müssen nur die Wege gehen,
die zu mehr Gerechtigkeit und Liebe führen.

Der Weg, der ein Ziel hat
Unser Weg endet nicht in der Leere,
unsere Straße verliert sich nicht im Nichts.
Sie hat einen Anfang und ein Ziel:
Aus Gottes Hand – in Gottes Hand.
Der Weg Gottes ist der lebendige Mensch.
Sein Ziel sind wir als seine Söhne und Töchter.
Seine Wege führen zu uns
und alle unsere Wege enden bei ihm.

Schriftworte

- Deine Augen sollen geradeaus schauen, und deine Blicke richte nach vorn! Ebne die Straße für deinen Fuß, und alle deine Wege seien geordnet. Bieg nicht ab, weder rechts noch links, halt deinen Fuß vom Bösen zurück. *(Spr 4,25ff)*

- Eine Stimme ruft: Bahnt für den Herrn einen Weg durch die Wüste! Baut in der Steppe eine ebene Straße für unseren Gott! Jedes Tal soll sich heben, jeder Berg und Hügel sich senken. Was krumm ist, soll gerade werden, und was hüglig ist, werde eben. *(Jes 40,3f)*

Gebete

Gelobt sei Gott, der das Leben liebt.
Gelobt sei Gott, der unser Leben in seiner Hand hält.
Er beschütze uns auf allen unseren Wegen.
Er lasse uns nicht unverantwortlich fahren.
Alle sollen wissen, dass es nicht Gottes Wille ist,
wenn 10.000 auf der Straße sterben
und 400.000 verstümmelt werden.

Gottes Wille ist es,
dass wir einander schützen und beschirmen,
dass wir für unser eigenes Leben Verantwortung tragen,
wie für das Leben anderer.
Um Vernunft bitten wir für alle, die hinter dem Lenkrad sitzen,
um Rücksicht und Fairness für alle,
die am Straßenverkehr teilnehmen.

Unsere Wege mögen sicher durch die Gebote und Verbote führen,
und um ein bisschen Glück bei aller Gefährdung bitten wir auch.
Lass diese Fahrzeuge und uns alle sicher über die Straßen kommen
und gib unserem Leben ein Ziel, damit es nicht ins Schleudern kommt.
Wir wollen die Technik nützen zu unserem Besten,
lass uns nicht davon besessen sein, was wir selber gemacht haben.

Gedanken

- Manchmal ist das Leben wie die Fahrt durch eine unbekannte Stadt: Man verfährt sich leicht. Dann braucht man einen Menschen, der den Weg weist.

- Wer im falschen Zug sitzt, sollte sich nicht über seine Geschwindigkeit freuen.

- Wer Steine sammelt und sie anderen in den Weg legt, baut noch lange keine Straße.

Geschichte

Loslassen

Er hatte einen langen Weg hinter sich gebracht, bis er die kleine Einsiedelei am sanften Abhang eines Berges erreicht hatte. Dort wollte er den Eremiten fragen, wie er den Sinn seines Lebens finden könne. Doch wie erstaunt war er, als er nur ein einziges Wort zur Antwort bekam: »Nichts.«

Das ging auch in den folgenden Tagen so, in denen er die einfache Gastfreundschaft und die Stille der Einsiedelei genoss. Auf seine drängenden Fragen erhielt er nur das eine Wort: »Nichts.«

Nach sieben Tagen nahm ihn der Einsiedler in den Arm und sagte: »Zwölf Speichen gehören zu einem Rad, doch erst durch das Nichts in der Mitte kann es sich drehen. Zwei Hände voll Ton braucht es für einen Krug, doch erst sein Nichts macht ihn zu dem, was er sein soll. Dieses Haus habe ich mit eigenen Händen errichtet, Stein auf Stein, Ziegel für Ziegel; doch erst durch das Nichts dazwischen schenkt es uns Geborgenheit.«

Der Einsiedler beschloss seine Gedanken: »Der Sinn deines Lebens besteht nicht in dem, was ist und was du hast, sondern durch das, was nicht ist und was du loslässt.«

Segensworte

Eine gute Straße wünschen wir euch mit diesem Segen.
Einen guten Weg miteinander,
einen guten Weg füreinander,
eine Straße aus Enge und Sackgassen,
eine Straße aus Irrwegen und Umwegen,
eine gute Straße mit dem,
der für uns Weg, Wahrheit und Leben ist.

Jeder Tag ist wie ein Aufbruch,
wie eine Pilgerfahrt.
Führe alle Pilger glücklich ans Ziel ihrer Fahrt.
Lass sie beschenkt und unversehrt

nach Hause zurückkehren.
Gewähre schließlich,
dass wir alle sicher das Ziel
der irdischen Pilgerfahrt erreichen
und das ewige Heil erlangen.

Einsatzmöglichkeiten

Wallfahrten ● Gemeindefahrten ● Gottesdienst zum Urlaubsbeginn ● Fahrzeugsegnung.

Du kannst fliegen

Ruf der Freiheit

Gott, nach dir suche ich. Wo lässt du dich finden,
wenn Himmel und Erde dich doch nicht fassen?
Wer da meint, du bist oben in deinem Himmel,
der findet dich nicht.
Auch hier auf der Erde ist kein Platz für dich.
Nach dir, Gott, überall sehne ich mich.
Ich bin gefangen durch die Erdenschwere,
sie lässt mich nicht los.
Doch ich höre dein Wort:
Komm, folge dem Ruf der Freiheit.
Breite deine Flügel aus: Du kannst fliegen.

Noch bin ich niedergedrückt von Angst und Bangen.
So vieles Ungelöste, Unerlöste hält mich auf der Erde fest.
Doch du sagst: Auch wenn du Zweifel hast,
ob es möglich ist, dich zu erheben,
breite deine Flügel aus: Du kannst fliegen.

Ich denke an dich, Gott,
du bist mein Hintergrund bei allem, was ich tue und lasse,
selbst wenn ich es manchmal nicht spüre.

Ich höre, was du sagst: Es ist an der Zeit,
den Sprung zu wagen, oder willst du am Ende
dastehen und sagen, wie gerne wäre ich geflogen?
Ja, letztlich hänge ich an dir,
weil alles von dir abhängt,
mein Leben, meine Zukunft, mein Schicksal.
Wer sich nicht an dir festhält, ist nicht wirklich frei.
Wer dir nicht das ganze Vertrauen schenkt,
kann nicht fliegen.
Darum bitte ich, Herr,
schenke mir Gelassenheit und jenen leichten Sinn,
der mich erhebt über die Schwere des Alltags.
Mach mich deinen Engeln gleich, die fliegen können,
weil sie sich leichtnehmen,
nicht zu wichtig und zu schwer.
Noch einmal will ich es hören, was du mir sagst:
Komm, folge dem Ruf der Freiheit.
Breite deine Flügel aus: Du kannst fliegen.

Es ist Zeit, mein Kind, den Sprung zu wagen,
oder willst du am Ende dastehen und sagen,
ach, wie gerne wäre ich geflogen?
Ja, Herr, schenke mir Gelassenheit und jenen leichten Sinn,
der mich erhebt über die Schwere des Alltags,
damit ich fliegen kann.

Schriftworte

- Alle, die auf den Herrn vertrauen, bekommen neue Kraft, es wachsen ihnen Flügel wie dem Adler. Sie gehen und werden nicht müde, sie laufen und brechen nicht zusammen. *(Jes 40,31)*

- Nehme ich die Flügel des Morgenrots und lasse mich nieder am äußersten Meer, auch dort wird deine Hand mich ergreifen und deine Rechte mich fassen. *(Ps 139,9f)*

Gebete

Ein Fisch kann im Wasser nicht ertrinken, er ist in seinem Element. Umgeben von dem, was er braucht.

Ein Vogel wird in der Luft nicht abstürzen, er ist in seinem Element. Getragen von dem, was ihn umgibt.

Gott, lass uns getragen sein, weil du uns nahe bist und der Himmel uns umgibt, denn wir sind geliebt. Die Liebe ist unser Element, in ihr leben wir, bewegen wir uns und sind wir.

»Ich weiß nicht, was der Himmel ist, und ich weiß nicht, wo der Himmel ist – aber morgen gehe ich ihn wieder suchen ...«, sagte ein Kind zu seiner Mutter. Das lässt uns beten: Gott über und hinter allen Himmeln. Lass uns auf der Suche bleiben, damit wir uns nicht mit Wenigem zufriedengeben, wo wir uns doch zur Fülle des Lebens erheben können, die uns Jesus Christus versprochen hat.

Gedanken

- Wer Fliegen lernen will, muss erst einmal mit beiden Beinen auf der Erde stehen können. Man kann nicht mit dem Fliegen anfangen.

- Der Mensch, so heißt es, ist ein Engel mit nur einem Flügel. Wenn er fliegen will, braucht er einen Partner. Wer nicht vom Fliegen träumt, dem wachsen keine Flügel. Warum können Engel fliegen? Weil sie sich leichtnehmen.

- Nicht wo der Himmel ist, ist Gott, sondern wo Gott ist, ist der Himmel. – Wir sind für den Himmel auf Erden verantwortlich, damit unsere Erde ein Stück Himmel sein kann.

- Gott bestraft keinen, der den Himmel unterwandert. Wenn wir dem Himmel ganz nahe sind, zeigt uns Gott unsere Erde und damit unsere Verantwortung für alles, was lebt.

- Die Erde im Blick und damit den Himmel in den Augen: einen Himmel, der Brot und Wein für alle hat, Liebe und Zukunft: Der Auferstandene hat für uns diese Zeichen in den Himmel geschrieben.

Geschichten

Schlechter Rat

Jedes Mal im Frühjahr, wenn die Störche von Süden nach Norden zogen, wurden viele Frösche von ihnen aufgefressen. Das musste ein Ende haben. Also ließen sich die Frösche beraten. Nach langen Untersuchungen wurde den Fröschen vorgeschlagen, einfach in der kritischen Zeit in entgegengesetzter Richtung zu fliegen. Die Frösche waren über diese Empfehlung überglücklich und feierten ein großes Fest. Wieder nüchtern geworden erkannten sie, dass sie gar nicht fliegen konnten. Sie stellten ihren Berater zur Rede, worauf dieser entgegnete: Dieses Problem gehört nicht zu unserem Arbeitsgebiet: Für die Umsetzung unserer Ratschläge sind wir nicht mehr zuständig. *(Parabel)*

Unmögliches wird möglich

Ein Mensch kam in jeder besonderen Situation, um sich bei einem Freund einen Rat einzuholen. Aber jeden Vorschlag, jede Empfehlung beantwortete er mit: »Das ist doch unmöglich!« Manchmal sagte er sogar: »Das ist völlig unmöglich!« Als er wieder einmal um Rat fragte, bekam er zur Antwort: »Ich sage dir nur noch dieses: Kinder haben einen weiten Horizont. Deswegen halten sie noch alles für möglich. Für dich ist es höchste Zeit, deinen klein gewordenen Horizont durch die Phantasie zu weiten. Dann wird sogar Unmögliches möglich.«

Segensworte

Komm, folge Gottes Ruf,
folge dem Ruf der Freiheit, breite deine Flügel aus,
es gibt keinen Zweifel: Du kannst fliegen.
Es ist an der Zeit, den Luftsprung auf Gott hin zu wagen,
oder willst du am Ende dastehen und bedauernd sagen:
Ach, wie gerne wäre ich geflogen?

Seid alle gesegnet, die ihr die Freiheit wagt,
Gerechtigkeit und Frieden schafft

und den Himmel der Erde ein wenig näher bringt.

Seid gesegnet zwischen Himmel und Erde
mit der Fülle des Segens von oben
und der Energie unserer Erde von unten.

Seid gesegnet mit all dem Guten, das vom Himmel kommt,
und mit all dem Schönen und Guten, das unsere Erde zu bieten hat.

Seid gesegnet mit der Kraft und der Stärke des guten Geistes Gottes,
der zu euch steht und euch hält in allen Lebenslagen.

Seid gesegnet mit der Zuwendung und der Liebe Gottes.

Gott umgebe und behüte euch von allen Seiten.

Seid gesegnet, dass ihr den Mut habt, euch zu erheben
und zu fliegen, wohin euch die Liebe Gottes trägt.

Einsatzmöglichkeiten

Urlaubsbeginn ● Gottesdienst mit dem Thema Freiheit, Leichtigkeit
● Wallfahrten, die mit einem Flug beginnen.

Ein Weg führt über die Berge

Ein Bergpsalm

Singt dem Herrn ein neues Lied.
Singt dem Herrn das Lied der Berge.
Denn er ist größer als alle Gebirge und tiefer als alle Täler.

Aus den Städten und Ebenen kommen wir.
Wir sind heraufgestiegen aus den Dörfern
und den Niederungen des Lebens.

Er hat uns aufgerichtet, wo wir niedergedrückt waren.
Er hat uns zusammengeführt, wo wir uns einsam fühlten.

Wir spüren die Nähe Gottes in der Höhe
und sehen es mit eigenen Augen:
Er hat die ganze Welt in seiner Hand.

Ihr Felsen und Formationen, preist den Herrn.
Ihr Klettersteige und Steilabbrüche, preist den Herrn.
Jeder Steinschlag und jedes Kar lobe den Herrn.
Jedes Echo nehme unser Preislied auf.

Enzian und Alpenrose, preist den Herrn.
Latschenkiefer und Bergahorn, preist den Herrn.
Die flinke Gämse lobe den Herrn.
Das mächtige Rotwild lobe den Herrn.

Der Steinbock springe ihm zur Ehre über den Abgrund.
Der stolze Adler drehe seine Kreise ihm zur Ehre,
der Bergfink singe ihm sein Lied schon am frühen Morgen.
Blitze und Donner, preist den Herrn.
Sturmwind, Regen und Schnee, Sonne und Nebel, preist den Herrn.

Stimmt in das Preislied ein,
ihr Menschen alle, und dankt unserm Gott
mit dem Schlag des Herzens.

Jubelt Gott mit jedem Schritt, mit jedem Atemzug dankt ihm.
Denn jede Seillänge bringt uns Gott näher.
Jeder Schritt geht auf ihn zu, den Gott des Himmels und der Erde.
Er bewahrt unser Leben.
Selbst wenn wir fallen, dann nur in seine Hand.

Schriftworte

* Abraham nannte jenen Ort Jahwe-Jire (der Herr sieht), wie man noch heute sagt: Auf dem Berg lässt sich der Herr sehen. *(Gen 22,14)*

* Der Herr der Heere wird auf diesem Berg für alle Völker ein Festmahl geben mit den feinsten Speisen, ein Gelage mit erlesenen Weinen, mit den besten und feinsten Speisen, mit besten, erlesenen Weinen. Er zerreißt auf diesem Berg die Hülle, die alle Nationen verhüllt, und die Decke, die alle Völker bedeckt. *(Jes 25,6f)*

● Als die Menschen das Zeichen sahen, das Jesus getan hatte, sagten sie: Das ist wirklich der Prophet, der in die Welt kommen soll. Da erkannte Jesus, dass sie kommen würden, um ihn in ihre Gewalt zu bringen und zum König zu machen. Daher zog er sich wieder auf den Berg zurück, er allein. *(Joh 6,14ff)*

Gebete

Gott, Vater und Mutter über allen Himmeln,
wir danken dir für die Welt, die du wie absichtslos,
aber auch im Blick auf uns Menschen geschaffen hast.
Wir danken dir dafür,
dass wir in den Bergen deine Nähe und Gegenwart
leichter erfahren können als in den Niederungen des Lebens,
dass wir hier den Himmel in uns sicherer entdecken können als sonst.
Besonders danken wir dir für Jesus,
der uns zeitlose Bergerfahrungen geschenkt hat.
Auf dem Berg Tabor
hat er etwas von deinem Glanz sichtbar gemacht.
In der Bergpredigt
übergab er uns die Schlüsselworte für das Entstehen
und das Wachsen des Reiches Gottes.
Auf einem Berg über dem See Gennesaret
hat Jesus mit den Menschen
Brot und Fisch geteilt und sie satt gemacht.
Auf dem Hügel Golgota
zeigte er durch seine Hingabe am Kreuz,
dass der sein Leben gewinnt, der es für seine Freunde gibt.
Sein Leben unter uns und seine Botschaft hast du,
guter Gott, auf dem Berg der Himmelfahrt bestätigt.
Dafür danken wir dir mit allen Menschen,
die dir in den Bergen nahe kommen
und hier deine Größe wie deine Zuwendung erkennen.

Guter Gott, aus jedem Bergerlebnis müssen wir zurück ins Tal. Dort liegt unser Lebensacker. Und der sagt uns: Wir ernten, was wir säen. Das bedeutet, dass wir auch für das negative, das Friedlose, das Gewalttätige mitverantwortlich sind. Nur gut, dass du auch auf krummen Zeilen gerade schreibst und dass unter deiner Vorsehung das Unglück in Glück, das Unheil in Heil verwandelt werden kann. Darum bitten wir dich durch Jesus Christus, unseren Bruder und Freund.

Gedanken

- Gott wohnt auf dem Berg. Zumindest kommen Menschen Gott auf dem Berg näher. Das ist die feste Überzeugung vieler, die ein Gipfelerlebnis erfahren haben. In der Erhabenheit der Bergwelt fällt es leichter, zu beten und zu singen.

- Bevor man einen ganzen Berg versetzen will, sollte man nachdenken, ob es genügt, einige Steine zu bewegen.

- Nicht nur auf den Gipfel schauen. Was die Berge unterhalb des Gipfels schenken, genauso wertschätzen wie den Gipfel selbst.

- Nirgendwo hat das Wort Seilschaft einen so positiven Gehalt wie beim Bergsteigen. Das Bergsteigen fördert Eigenschaften zutage, die wir im ganzen Leben brauchen: Solidarität, sich aufeinander verlassen können, die Übersicht behalten, Risiken richtig einschätzen. Im Berg wäre es undenkbar, einen Gefährten allein zurückzulassen.

Geschichte

Die Freude der Bergdohlen

Zwei Freunde saßen auf dem Gipfel eines Berges. Einige Bergdohlen waren offenbar satt und zufrieden. Sie umflogen spielerisch das Kreuz, das zwischen den beiden Männern aufgerichtet war. Der eine deutete die Vögel und sagte: »Sieh, wie sich die Dohlen im leichten Wind bewegen! Sie freuen sich an ihrem Leben!« Der andere kritisierte: »Du bist keine Dohle. Wie kannst du wissen, dass diese Vögel so ihre Freude zeigen?« Der Erste erwiderte: »Du bist nicht ich. Wie kannst du wissen, dass ich

nicht weiß, dass sich so die Freude der Dohlen zeigt?« Der andere wusste
darauf nichts zu sagen. Da ergänzte der Erste: »Ich erkenne die Freude
der Dohlen an meiner Freude, hier mit dir auf dem Gipfel zu sitzen und
ihnen beim Fliegen zuzuschauen.«

Segensworte

Wenn du glaubst, dann rede über deinen Glauben.
Wenn du dich sicher fühlst, teile deine Hoffnung.
Wenn du in den Berg gehst, nimm andere mit.
Wenn es aufwärtsgeht, denke nicht nur an dich.
Wenn einer schwach wird, lass ihn nicht allein.
Wenn du fröhlich bist, verschenk die Freude.
Wenn du geliebt bist, gib die Liebe weiter.
Wenn du dich gesegnet fühlst, segne alle, die dir begegnen.
Sei gesegnet auf allen deinen Wegen.

Einen Segen, kraftvoll wie ein Berg, wünsche ich dir,
einen Segen, der dir Halt und Sicherheit gibt,
wann immer du Stehvermögen
und Standhaftigkeit brauchst.

Einen Segen, gelassen wie ein Berg, wünsche ich dir,
einen Segen, der dich in dir ruhen lässt,
damit dein Selbstvertrauen wächst,
wo immer du Vertrauen schenkst und findest.

Einen Segen, wegweisend wie ein Berg, wünsche ich dir,
einen Segen, der dir die Richtung zeigt,
wie es weitergehen kann,
wann immer du die Orientierung verloren hast.

Einen Segen, himmelstürmend wie ein Berg, wünsche ich dir,
einen Segen, der hoch in den Himmel ragt
und dir zeigt, wo unser aller Ziel ist,
wann immer du traurig und niedergedrückt bist.

Einsatzmöglichkeiten

● Gottesdienste auf dem Berg oder in freier Natur ● Wallfahrten, die auf einem Berg enden, ● die auf bergigem Gelände entlangführen ● Fest »Verklärung des Herrn« (6. August) ● Versammlungen des Alpenvereins oder der Naturfreunde.

Mensch und Tier

Mensch und Tier

Lobet und preiset, ihr Tiere, den Herrn;
freuet euch seiner und dienet ihm gern.
All ihr Tiere, lobet den Herrn.

Sei gelobt, Gott, Herr des Himmels und der Erde, für die Tiere.
Sie sind Geschwister unseres Lebens.
Lass uns auf ihre Stimme hören und ihre Eigenarten achten.
Denn so wie sie sind, preisen sie den Schöpfer,
der sie geschaffen hat.

Lobet und preiset, ihr Ponys, den Herrn;
freuet euch seiner und dienet ihm gern.
Jedes Maultier lobe den Herrn.

Sei gepriesen, Gott, vor allem für unsere Freunde, die Pferde.
Seit vielen Generationen begleiten sie den Menschen.
Wenn wir ihre Klugheit bewundern, preisen sie deine Weisheit.

Lobet und preiset, ihr Rösser, den Herrn;
freuet euch seiner und dienet ihm gern.
Jedes Rennpferd lobe den Herrn.

Wenn wir uns über ihre Schnelligkeit freuen,
bezeugen sie damit deinen Schöpfergeist.
Wenn wir sie als unsere Begleiter gewählt haben,
dann erzählen sie damit von deiner Freundschaft.

Wenn wir auf ihrem Rücken unsere Welt betrachten,
dann erleben wir sie mit anderen, mit staunenden Augen.
Sie schenken uns, was uns fehlt.
Sie beschenken uns mit Freundschaft.

Danket, danket dem Herrn,
denn er ist so freundlich,
seine Güt' und Wahrheit währet ewiglich.

Du hast uns die Pferde anvertraut,
wie du uns alle Tiere in die Verantwortung gegeben hast.

Für alles, was lebt, sollen wir Sorge tragen
und den Dingen um uns deine Güte und dein Erbarmen weitersagen.
Sei gelobt, Gott, Herr des Himmels und der Erde, für die Tiere.
Sie sind Geschwister unseres Lebens.

Danket, danket dem Herrn,
denn er ist so freundlich,
seine Güt' und Wahrheit währet ewiglich.

Hinweis:
Der Kehrvers des Psalms wird nach den bekannten Melodien gesungen,
Benennungen wie »Pony« können entsprechend ausgetauscht und ange-
passt werden.

Schriftworte

- Dann sprach Gott: Das Land bringe alle Arten von lebendigen Wesen hervor, von Vieh, von Kriechtieren und von Tieren des Feldes. So geschah es. Gott machte alle Arten von Tieren des Feldes, alle Arten von Vieh und alle Arten von Kriechtieren auf dem Erdboden. Gott sah, dass es gut war. *(Gen 1,24f)*

- Wir alle verfehlen uns in vielen Dingen. Wer sich in seinen Worten nicht verfehlt, ist ein vollkommener Mann und kann auch seinen Körper völlig im Zaum halten. Wenn wir den Pferden den Zaum anlegen, damit sie uns gehorchen, lenken wir damit das ganze Tier. Oder denkt an die Schiffe: Sie sind groß und werden von starken Winden getrieben, und doch lenkt sie der Steuermann mit einem ganz kleinen Steuer, wohin er will. *(Jak 3,2ff)*

Gebete

O Gott, höre unser Gebet für unsere Freunde, die Tiere,
besonders für alle die Tiere,
die gejagt werden oder sich verlaufen haben
oder hungrig und verlassen sind und sich fürchten.
Für alle, die eingeschläfert werden müssen.
Für sie erbitten wir deine Gnade und dein Erbarmen,
und für alle, die mit ihnen umgehen,
erbitten wir ein mitfühlendes Herz,
eine sanfte Hand und ein freundliches Wort.
Mach uns selbst zu wahren Freunden der Tiere
und lass uns so teilhaben am Glück der Barmherzigen.
(Albert Schweitzer)

Herr, wie lange lässt du es noch zu,
dass die Menschen deine Schöpfung zerstören?
Du hast uns noch vor ihnen erschaffen
und uns in ihre Verantwortung gegeben.
Einst müssen die Menschen Rechenschaft ablegen vor dir,
wie sie mit uns Tieren umgegangen sind.
Erinnere sie schon jetzt daran,
dass wir ein Leben haben wie sie,
Ängste entwickeln und uns freuen können wie sie.
Wir empfinden Schmerzen wie sie
und freuen uns über jede Zuwendung wie sie.
Vielleicht hast du ja auch für uns einen Himmel bereit.
Denn als du uns geschaffen hast, hast du gesagt: Es ist gut so.
Was gut ist, wie wir Tiere, darf nicht verloren gehen.

Gedanken

- Wenn so viel Misshandlung der Kreatur vorkommt, wenn der Schrei der auf dem Eisenbahntransport verdurstenden Tiere ungehört verhallt, wenn in unsern Schlachthäusern so viel Rohheit waltet, wenn in unseren Küchen Tiere von ungeübten Händen qualvollen Tod empfangen, wenn Tiere durch unbarmherzige Menschen Unmögliches erdulden oder dem grausamen Spiele von Kindern ausgeliefert sind, tragen wir alle Schuld daran. *(Albert Schweitzer)*

- Solange Menschen der Meinung sind, dass Tiere nicht fühlen und verstehen können, müssen Tiere fühlen, dass Menschen weder fühlen noch denken können.

- Die christliche Moral hat ihre Vorschriften ganz auf den Menschen beschränkt, die gesamte Tierwelt rechtlos gelassen. Seitdem ich die Menschen kenne, liebe ich die Tiere. *(Arthur Schopenhauer)*

- Der untrüglichste Gradmesser für die Herzensbildung der Menschen ist, wie sie die Tiere behandeln.

Geschichten

Grobe Antwort

Der Löwe begegnet einem Affen. Er packt den Affen und brüllt: »Wer ist der König der Tiere?« Der verängstigte Affe sagt: »Du, mächtiger Löwe.« Der Löwe lässt ihn frei.

Dann begegnet der Löwe einem Zebra. Er stürzt sich auf das arme Ding und brüllt: »Wer ist der König der Tiere?« Das zitternde Zebra antwortet: »Du, mächtiger Löwe.« Der Löwe lässt es ziehen.

Darauf begegnet der Löwe einem Elefanten und stellt ihm dieselbe Frage. Der Elefant greift sich den Löwen, wirbelt ihn herum und schleudert ihn fünfzehn Meter weit. Der Löwe rappelt sich auf und brummt beleidigt: »Bloß weil du die richtige Antwort nicht weißt, brauchst du nicht gleich grob zu werden.« *(Alte Fabel)*

Freundlich und feindlich

Auf einem Volksfest geriet ein Hund in einen Irrgarten, der aus lauter Spiegeln bestand. Wohin er schaute, blickte ihn ein Hund an. Er bekam es mit der Angst zu tun, sträubte den Nacken, knurrte und fletschte die Zähne. Viele Hunde, dicke und dünne, große und kleine sträubten die Nackenhaare und fletschten die Zähne. Voller Angst suchte der Hund den Ausgang und war überzeugt, dass die ganze Welt aus gefährlichen Hunden bestehe.

Kurz darauf geriet ein anderer Hund in das Spiegellabyrinth. Als er sich im Spiegel sah, wedelte er freundlich mit dem Schwanz, und von allen Seiten wedelten ihm freundliche Hunde zu, um ihn zu begrüßen. Er sprang hin und her und vergnügte sich lange Zeit mit seinen Artgenossen. Müde vom Spiel war er überzeugt, dass die ganze Welt aus freundlichen Hunden bestehe. *(Nach einem indischen Märchen)*

Segensworte

Tiersegen

Ich segne dich im Namen Gottes, des Schöpfers aller Dinge.
Er hat auch dich geschaffen und dich in unsere Verantwortung gegeben.
Ich segne dich im Namen Jesu Christi, der die Tiere geliebt hat,
die Spatzen, die Schafe, die Esel.
Ich segne dich im Namen des Heiligen Geistes,
der in der Schöpfung wirkt bis zum heutigen Tag.

Gottes Geist, du atmest in allem, was lebt.
Segne uns mit diesem Atem, damit wir das Leben auskosten können.
Gottes Geist, du atmest in uns.
Segne unsere Verbundenheit mit allen Geschöpfen unserer Erde.
Gottes Geist, du atmest durch uns.
Segne unseren heilsamen Umgang untereinander und füreinander.
Gottes Geist segne uns,
segne die Tier- und Pflanzenwelt, segne alles, was uns umgibt.

Gott, um einen Segen bitte ich für die Tiere.
Für die geschundenen und Hunger leidenden,
für die eingesperrten und missachteten,
für jene besonders, die getötet werden sollen.
Gott, um einen Segen bitte ich für die Tiere.
Du hast sie vor uns geschaffen und uns anvertraut,
unseren Händen und unseren Herzen.
Gott, um einen Segen bitte ich
im Namen des Bruders Franz für alle Tiere.

Einsatzmöglichkeiten
Gottesdienst mit und für Tiere / Tiersegnung ● Fest des hl. Franz von Assisi (4. Oktober) ● Gottesdienst zum Thema »Bewahrung der Schöpfung.«

Immer eine Handbreit Wasser

Über das Wasser
Am Anfang der Schöpfung schuf Gott den Himmel und die Erde.
Dann trennte er das Wasser vom Land.

Wasser, das ist unser Leben. Ohne Wasser sind wir nichts.
Das merken wir oft erst dann, wenn es uns fehlt.
Wie das Wasser umgibt uns die Zuwendung Gottes
von allen Seiten; er stillt unsere Bedürftigkeit.

Auf seinen Wassern gleiten wir sicher dahin.
Auch das spüren wir erst dann,
wenn wir uns einsam und hilflos fühlen,
wenn wir kein Land mehr sehen können.

Denn manchmal steht uns das Wasser bis zum Hals.
Wir haben den Eindruck, wir müssten untergehen,
weil zu viel auf uns von allen Seiten einstürmt.

Dann kommen wir schnell außer Atem;
unsere Gelassenheit ist dahin wie in einem großen Sturm,
die Ängste bekommen die Oberhand, als wären es hohe Wogen.

Manchmal toben die Stürme wie verrückt um uns,
alles bricht auf uns herein;
manches, was wir verdrängt oder vergessen hatten,
holt uns ein.
Wir machen uns Sorgen, finden keine Ruhe,
alle haben uns verlassen,
und es scheint niemand da zu sein, der uns beisteht.

Dann ist es gut, einen sicheren Hafen zu finden.
Es ist gut, sich an dich, unseren Gott, zu erinnern.

Deshalb wollen wir heute dein Erbarmen preisen.
Wir sind geborgen in deiner Hand.
Die Stürme des Lebens können uns nichts mehr anhaben.
Sofort wird das Wasser um uns wieder ruhig.
Es zeigt sich von seiner freundlichen Seite.
Die Wellen des Lebens haben sich gelegt.
Wir haben immer eine Handbreit Wasser unter dem Kiel.

So geht es allen Menschen,
die ihr Vertrauen auf Gott setzen und die glauben können,
ja, er hat alles in seiner Hand.

Schriftworte

- Die Wasser sahen dich, Gott, die Wasser sahen dich und bebten.
  Die Tiefen des Meeres tobten.
  Die Wolken gossen ihr Wasser aus,
  das Gewölk ließ die Stimme dröhnen,
  auch deine Pfeile flogen dahin.
  Dröhnend rollte dein Donner, Blitze erhellten den Erdkreis,
  die Erde bebte und wankte.

Durch das Meer ging dein Weg, dein Pfad durch gewaltige Wasser, doch niemand sah deine Spuren.

Du führtest dein Volk wie eine Herde durch die Hand von Mose und Aaron. *(Ps 77,17–21)*

- Spät am Abend war das Boot mitten auf dem See. Jesus war allein an Land geblieben. Vom Ufer aus sah er, wie sie sich beim Rudern abmühten, denn sie hatten starken Gegenwind. In der vierten Nachtwache ging er auf dem See zu ihnen hin. Als sie ihn über den See kommen sahen, meinten sie, es sei ein Gespenst. Alle sahen ihn und erschraken zutiefst. Doch er redet ihnen gut zu und sagte: Habt Vertrauen, ich bin es; fürchtet euch nicht! Dann stieg er zu ihnen ins Boot, und der Wind legte sich. *(Mk 6,47–51)*

Gebet

Herr, lass mich wie ein Boot sein,
das nicht durchs Leben dümpelt,
mal hier anschlägt, mal dort,
sondern sich von dir getragen weiß.

Lass mich wie ein Boot sein,
das nicht lustlos im Hafen herumliegt
und langsam verrottet,
sondern aufbricht zu neuen Ufern und Zielen.

Lass mich wie ein Boot sein,
das nicht nur auf den eigenen Antrieb vertraut,
sondern hoffnungsvoll die Segel setzt,
weil es um deine Hilfe weiß.

Lass mich wie ein Boot sein,
dem die Untiefen, Sandbänke und Riffe
des Alltags nicht schaden,
sondern das auf Kurs bleibt und sein Ziel erreicht.

Gedanken

● Gott, gib auf uns acht, denn das Meer ist so groß und unser Boot so klein! – So steht es eingeritzt in einen Felsbrocken an der Küste; es ist das tägliche Gebet der Fischer in der Bretagne. Mit diesem Gebet fahren sie am Abend hinaus. Mit diesem oder einem ähnlichen Gebet lässt sich ein neuer Tag beginnen und mit dem Lebensboot ausfahren.

Geschichte

Ein Mensch kam nach langer, beschwerlicher Wanderung an einen Fluss. Den musste er noch überqueren. Aber da waren weder Weg noch Steg und auch kein Boot zum Übersetzen. Unser Wanderer baute sich ein Floß aus Baumstämmen, Ästen und Zweigen. Damit konnte er und seine bescheidene Habe ans andere Ufer kommen.

Drüben angekommen schulterte er zu seinem schweren Rucksack auch noch das Floß und trug es schnaufend und schwitzend über Land. Ein Mensch, der ihm entgegenkam, meinte: Wenn die Dinge unseres Lebens ihren Zweck erfüllt haben, dürfen wir sie dankbar loslassen, sonst wird unsere Last zu schwer.

Segensworte

Möge dein Lebensboot gesegnet sein mit Glauben, also mit Gelassenheit, mit Sicherheit, mit ruhiger Fahrt und mit Vorwärtskommen.

Möge dein Lebensboot gesegnet sein mit Hoffnung, also mit Vertrauen, mit Zuversicht und der Freude an jedem neuen Tag.

Möge dein Lebensboot gesegnet sein mit Liebe, also mit Lebendigkeit und Leidenschaft, mit Sorge für den Schwächeren, mit Achtsamkeit und Zuwendung für alle, für die wir Verantwortung tragen.

Möge dein Lebensboot den Stürmen standhalten und immer einen sicheren Hafen finden.

Einsatzmöglichkeiten

Gottesdienst zu Beginn der Urlaubszeit ● Gottesdienst mit Seglern, in einem Hafen oder wo immer ein Gottesdienst an Flüssen, Seen, Bachläufen gefeiert wird ● Thema: Wasser ● Bootstaufe.